FUTURE

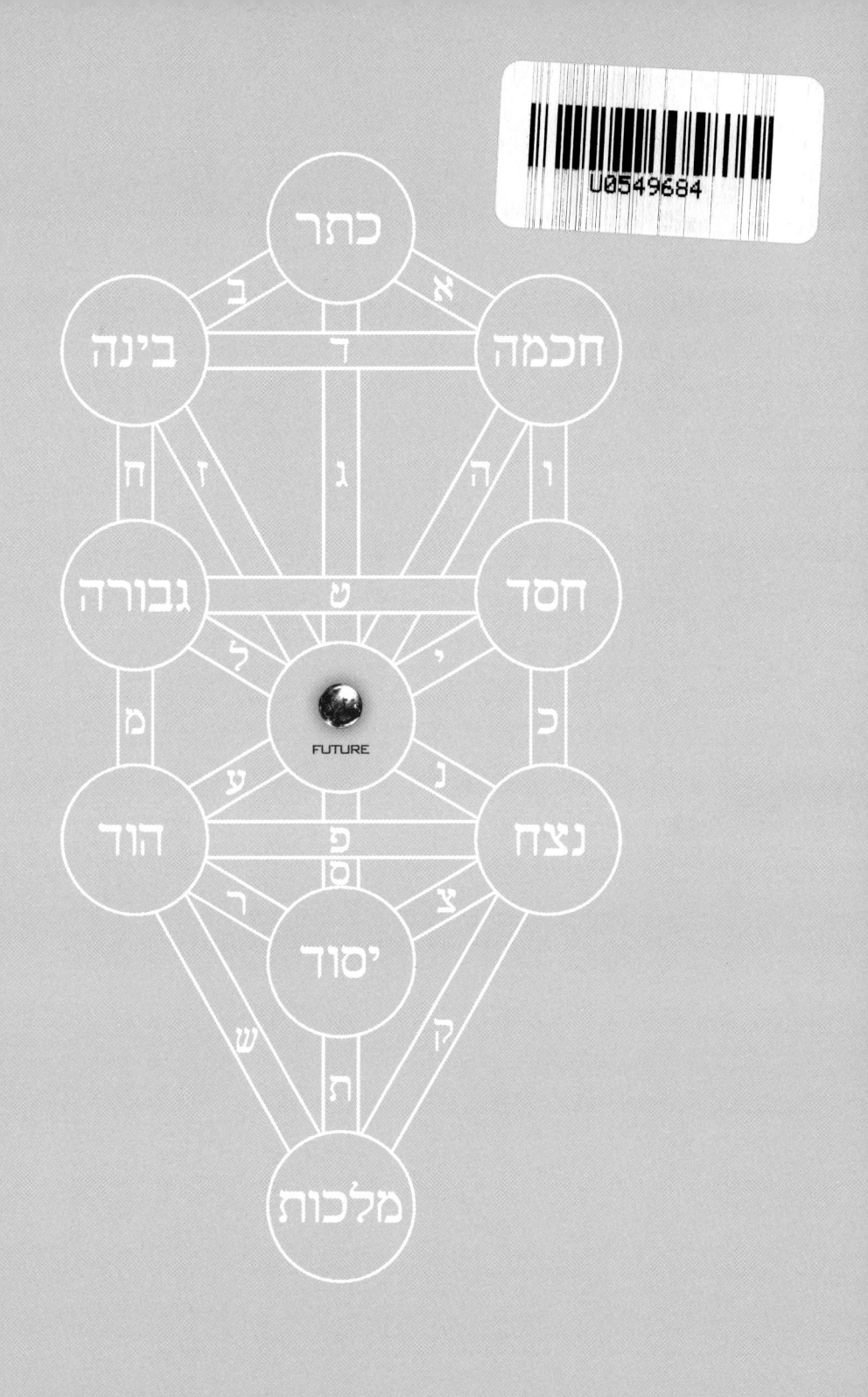

כתר

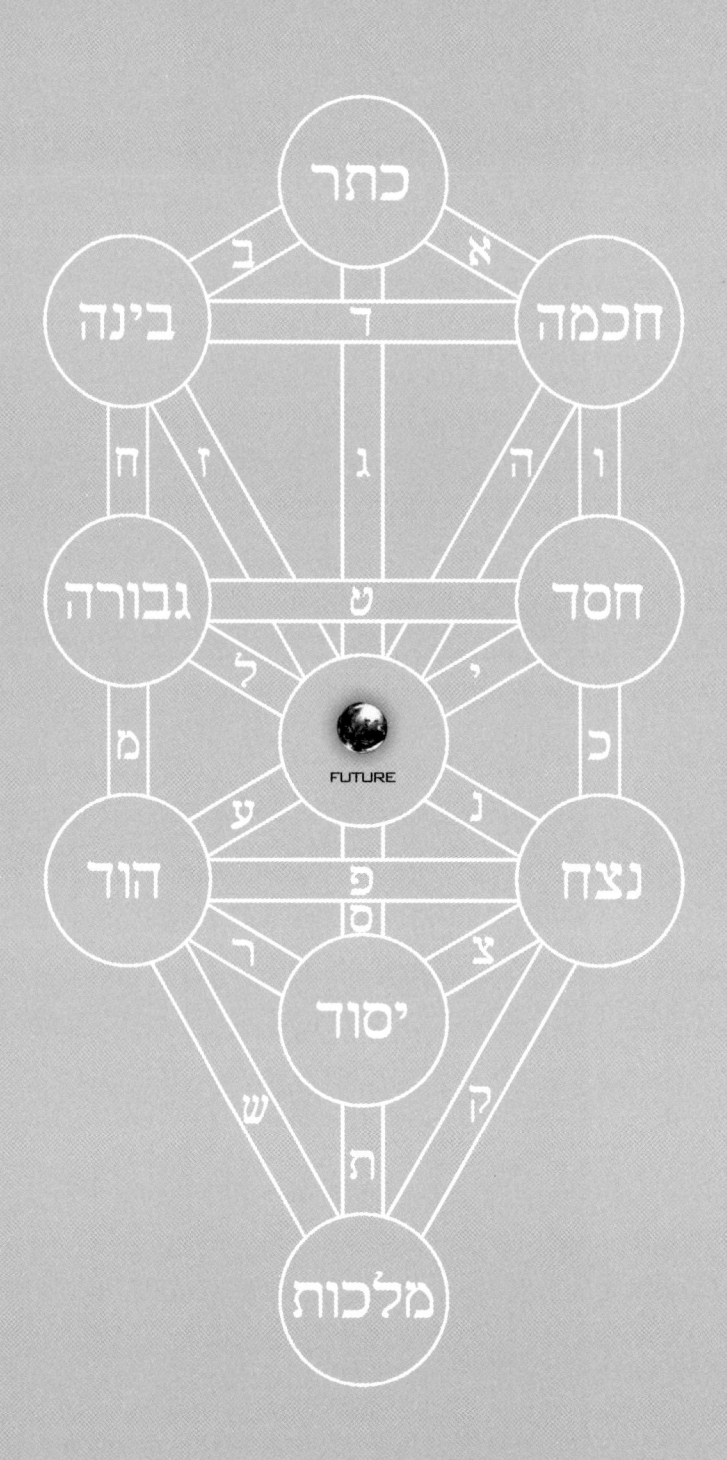

בינה
חכמה

ב א
ד
ח ז ג ה ו

גבורה
חסד

ט
ל י
מ כ

FUTURE

הוד
נצח

ע נ
פ
ס
ר צ

יסוד

ש ת ק

מלכות

כתר

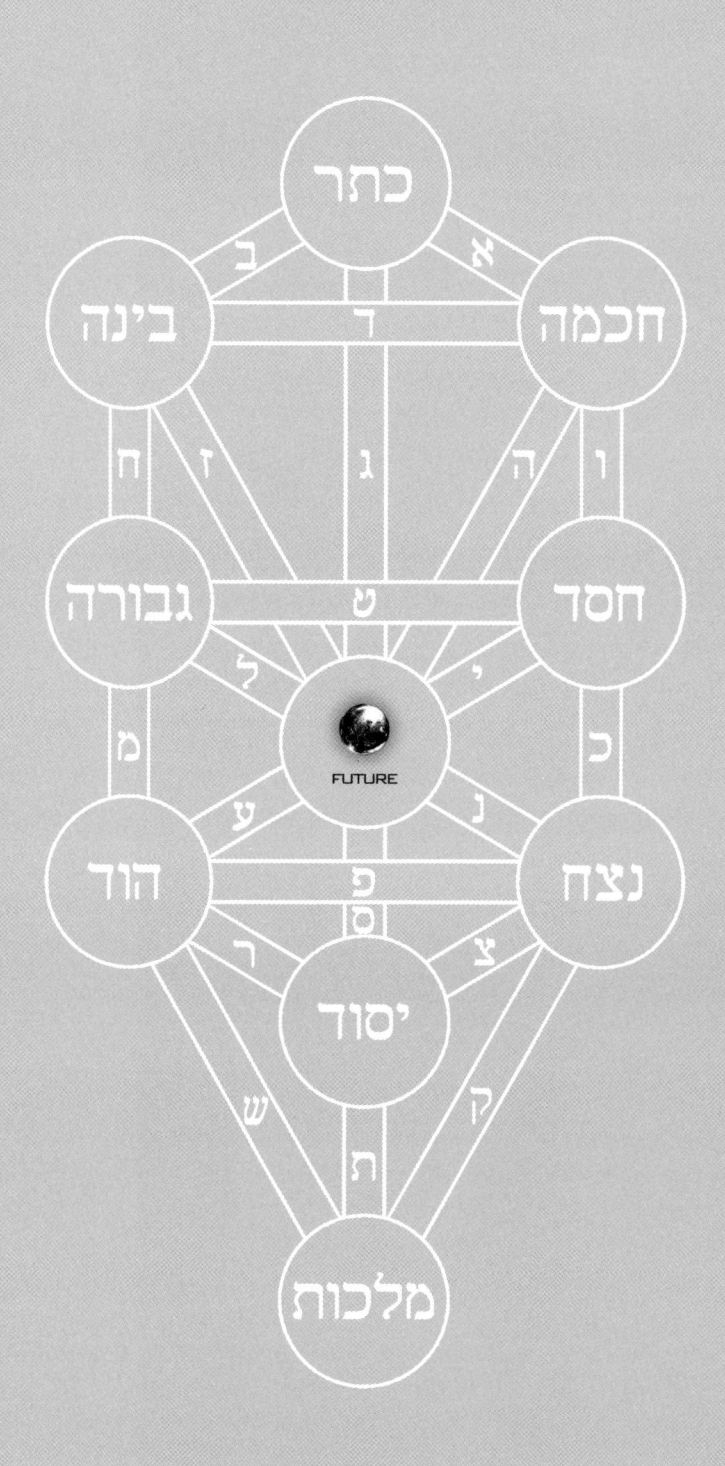

חכמה
בינה
גבורה
חסד
הוד
נצח
יסוד
מלכות

FUTURE

כתר

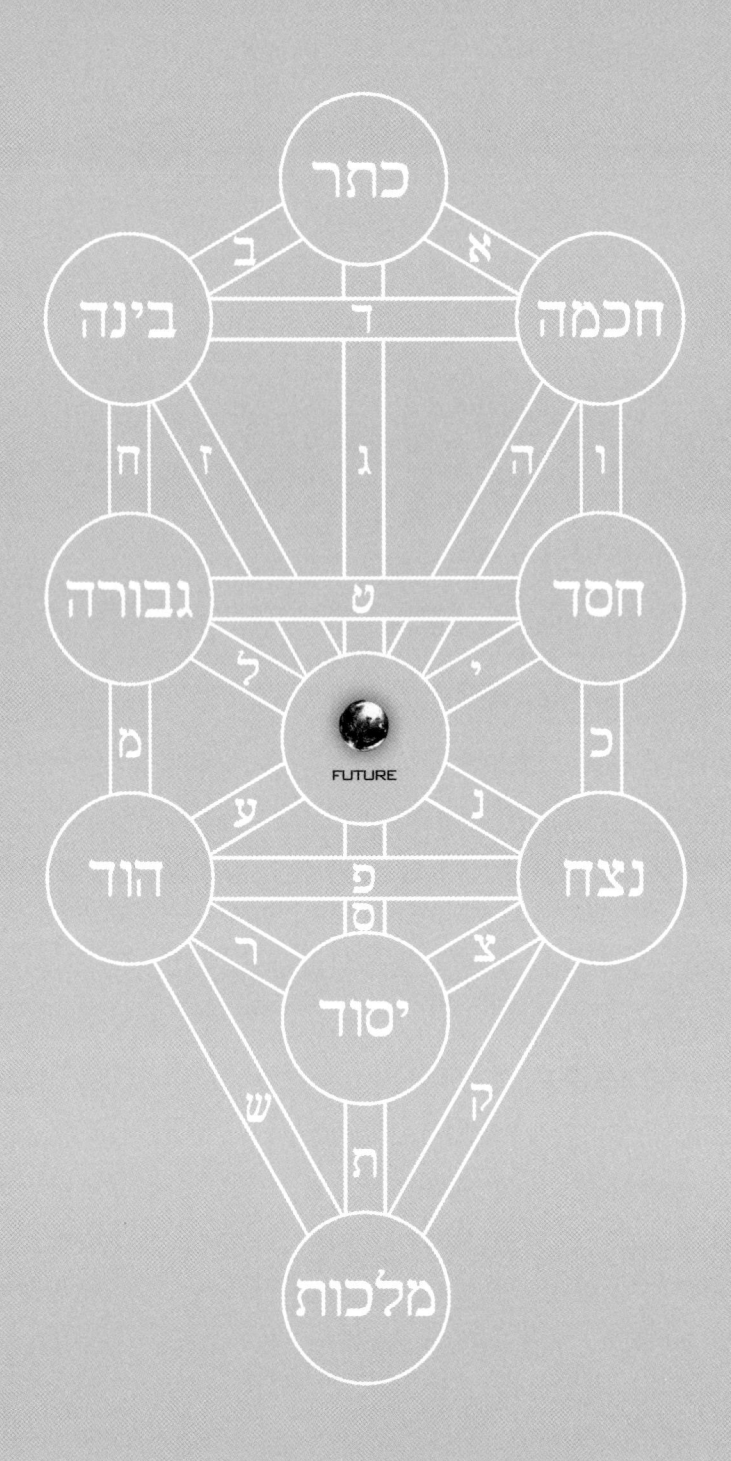

בינה
חכמה

גבורה
חסד

FUTURE

הוד
נצח

יסוד

מלכות

探索卡巴拉祕要，
用古老智慧開啟命運之奧

卡巴拉
生命之樹解密

THE TREE OF LIFE
IN QABBALAH

薛超———著

目次

006 ⋯⋯⋯〔推薦序〕探尋卡巴拉的回應／張紹強（晨音）
008 ⋯⋯⋯〔推薦序〕與宇宙共振的卡巴拉／李秋錦 Teresa
011 ⋯⋯⋯〔推薦序〕看見薛超的卡巴拉魂／天空為限
013 ⋯⋯⋯自序

第 1 章　生命之樹的基本結構簡述 ⋯⋯⋯⋯⋯⋯⋯ 019

　　　　020 ⋯⋯⋯三柱
　　　　022 ⋯⋯⋯四世界
　　　　026 ⋯⋯⋯火焰之劍（閃電下降路徑）
　　　　028 ⋯⋯⋯四字母聖名結構（YHVH）

第 2 章　十個質點 ⋯⋯⋯⋯⋯⋯⋯⋯⋯⋯⋯⋯⋯ 031

　　　　032 ⋯⋯⋯Kether（王冠 Crown）／可欽佩的或隱藏的智慧
　　　　035 ⋯⋯⋯Chokmah（智慧 Wisdom）／光耀的智慧
　　　　037 ⋯⋯⋯Binah（理解 Understanding）／聖化的智慧
　　　　040 ⋯⋯⋯Chesed（仁慈 Mercy）／聚合或接受的智慧

045········Geburah（嚴厲 Severity）／激進的智慧
048········Tiphareth（美麗 Beauty）／調節的智慧
051········Netzach（勝利 Victory）／神祕的智慧
053········Hod（宏偉 Splendour）／絕對或完美的智慧
056········Yesod（基礎 The Foundation）／純粹的智慧
062········Malkuth（王國 The Kingdom）／輝煌的智慧

第3章　二十二條路徑 ········ 069

070········路徑 11 Kether–Chokmah 閃耀的智慧
075········路徑 12 Kether–Binah 透明的智慧
079········路徑 13 Kether–Tiphareth 合一的智慧
083········路徑 14 Chokmah–Binah 啟示的智慧
087········路徑 15 Chokmah–Tiphareth 構成的智慧
091········路徑 16 Chokmah–Chesed 勝利或永恆的智慧
096········路徑 17 Binah–Tiphareth 處置的智慧
100········路徑 18 Binah–Geburah 影響力之所的智慧
104········路徑 19 Chesed–Geburah 靈性存在一切活動的智慧
108········路徑 20 Chesed–Tiphareth 意志的智慧
112········路徑 21 Chesed–Netzach 和解的智慧

116 ……… 路徑 22 Geburah-Tiphareth 忠實的智慧
120 ……… 路徑 23 Geburah-Hod 穩定的智慧
124 ……… 路徑 24 Tiphareth-Netzach 想像的智慧
128 ……… 路徑 25 Tiphareth-Yesod 考驗或試探的智慧
132 ……… 路徑 26 Tiphareth-Hod 更新的智慧
136 ……… 路徑 27 Netzach-Hod 積極或興奮的智慧
140 ……… 路徑 28 Netzach-Yesod 自然的智慧
145 ……… 路徑 29 Netzach-Malkuth 肉身的智慧
151 ……… 路徑 30 Hod-Yesod 收集的智慧
155 ……… 路徑 31 Hod-Malkuth 永恆的智慧
159 ……… 路徑 32 Yesod-Malkuth 管理的智慧

第 4 章　關於預測 ……………………………… 165

167 ……… 案例五則闡述
188 ……… 預測原理簡析
192 ……… 有關塔羅牌張數的取捨

參考書目 ……………………………………………… 195

推薦序

探尋卡巴拉的回應

|張紹強（晨音）|

當我們談論卡巴拉（Kabbalah）時，我們在探尋什麼？

是世界的形成？還是自身的奧祕？

如果你曾經這麼問：「我是誰？這份意識到自己『存在』的感受究竟是什麼？我從哪裡來？我要去何方？」那麼，你的思考方向已經與這門源自猶太傳統的智慧悄然相會。

作為《托特塔羅入門》的作者，我時常思考：「當我們拿起塔羅牌時，究竟是在解讀符號，還是在進行更深層的對話？塔羅與卡巴拉的關聯，是否只是一對一的對應，還是一種更大層次的意識連結？」

許多人是透過塔羅進入卡巴拉，而今這本《卡巴拉生命之樹解密》正適合以此為切入點，可以讓讀者初探生命之樹的結構，理解它與塔羅之間的關聯。

事實上，卡巴拉的象徵體系不僅是解讀符號，也是探索存在運行方式的入口，它最初是以提問開始，然後逐步發展成為完整的智慧體系。在近五百年間，它融入了西方神祕學，與占星、數字學、煉金術相互交織，不僅僅成為神祕學的核心體系，更提供了一條通往神聖秩序的道路。

在理解萬物之間的聯繫,並以符號、儀式和數字推演現實,是實修卡巴拉(The Practical Kabbalah)的範疇;而無字卡巴拉(The Unwritten Kabbalah)則揭示宇宙運行的流動,使我們感知四個世界如何交織。從原型之界(Atziluth)的純粹意識到物質之界(Assiah)的顯化,層層展開,既區分又相互映照,映射出「存在」的縮影,如同作者透過這神祕學中萬物相應的概念,引導讀者進入這門龐大而複雜的智慧體系,讓我們理解其符號與象徵的關聯。

如果你正在尋找卡巴拉這扇門,那麼本書便是一座橋樑!但橋的那一端並非終點,而是更寬廣、更深邃的自己——也是卡巴拉最初問題的回應。

推薦序

與宇宙共振的卡巴拉

| 李秋錦 Teresa |

　　一年前,內在跳出了「卡巴拉」的聲音,當時雖然學習了一段時間,可是並未再深入。然而,就在不久之前,內在又再度出現學習「卡巴拉」的催促聲,而更巧合的是,我竟收到編輯邀約,為《卡巴拉生命之樹解密》新書寫推薦,當下驚呼,甚至覺得這根本是與宇宙的共振啊!

　　隨即,我請大天使給予指引,抽到的神諭卡指示:這是「來自神的禮物」。其大天使聖德芬訊息正是:「從你的造物主那裡,天使為你帶來禮物。展開你的雙臂來接受吧!」這與卡巴拉(Kabbalah)一詞寓意相同,在希伯來文中,其意為「接受／傳承」,要我們發自內心且真誠的接受「從神而來的一切」,一切寓意,不謀而合,這真的太不可思議了,有感本書在這時候出現,一定具有很大的意義。

　　事實上,一本書最重要的是要能學以致用,要能把知識轉為能力,並且可以運用於生活之中。不過,有時往往因為書中的文字太冗詞贅句,以致於讓人不得不將書擱置。

　　然而,本書不同,我喜歡作者簡單明瞭的將卡巴拉生命之樹的基本結構,像三柱、四世界、火焰之劍、四字母聖名結構以及十個質點、二

十二條路徑等完整介紹，而依照書中指引，作者將生命之樹繪製出來，使人進入學習時，能夠輕鬆的將生命之樹結構記憶起來，在在讓人發現，學習卡巴拉原來沒有我想的那麼困難。

生命之樹是卡巴拉的中心神聖象徵，從事塔羅教學多年，我喜歡在課堂上運用圖卡與象徵來解說塔羅牌，所以，作者在書中將三柱、四世界、火焰之劍、四字母聖名結構等搭配圖片說明，在十個質點中則運用象徵物來解說，讀起來也淺顯易懂。像是三柱圖中的仁慈之柱（陽中陰、火中水）與嚴厲之柱（陰中陽、水中火），我將之與塔羅牌女祭司對應，黑白柱便代表這兩股陰陽力量：黑柱鑲白字，代表陰中陽，白柱則鑲黑字，代表陽中陰，而女祭司不偏不倚坐在黑白兩柱中間，意味其掌握著平衡這兩股的能量。依此，相互參照，確實讓人在理解塔羅牌上更為明晰。

又如作者在路徑中提及的，陰陽的二元極性能量在遊走於相互對稱之柱過程中，必會在中柱的平衡作用下，進行相對的即時整合與調停，以使能量的運作不離神性的同一狀態，這確實跟塔羅牌中，強調陰陽的

和諧，以及二元力量的調和之重要性有著相互對應。

　　生命之樹的二十二條路徑與二十二張塔羅大阿爾克納牌相對應時，我一邊拿著塔羅牌，一邊將之擺放在生命之樹的路徑上，再一邊閱讀作者的解說，發覺十分有趣，過去我在解讀塔羅牌時，總有某些部分會卡住，不太能深入牌中的涵義，經由本書，透過不同的角度解釋，確實領悟到塔羅牌中的一些奧祕，同時也更深入了卡巴拉的世界。對於學習塔羅牌的朋友們，或許能拿起牌卡，一起進入薛超的卡巴拉生命之樹世界，相信定能創造出屬於自己的塔羅牌義。

　　真誠推薦，對於想學習卡巴拉生命之樹或走身心靈之途的人，這是一本很好的入門書，當然各位更可以把它與塔羅牌、數字學結合，一起探索運用，對於卡巴拉與塔羅牌，讀者或將有更深的認識與了解。

　　很感謝薛超先生，藉由本書，讓人有機會能更深入了解卡巴拉生命之樹。

推薦序

看見薛超的卡巴拉魂

| 天空為限 |

記得薛超是因為他看完我的《藏在塔羅裡的占卜符碼》後寫信給我，我從中知道他是中藥師，了解八字，跟我爸爸的背景很像，所以我們聊得很契合，那時他還在中國，我的中國學生不少，因為我的網路課程已開了好幾年，可能因為民族性，中國學生很積極，對自己的標準要求很高，大概也因為這幾年中國對於塔羅相應的限制，連我的書都進不去，很多中國學生跟我說，那邊很多人開課會用我的書當教科書，而且大多都是盜版，令我哭笑不得，但也了解他們的無奈。

後來我開始寫《托特塔羅的多重宇宙》，每位托特書的撰寫者都會提到卡巴拉，我覺得我也不能免俗，畢竟是很重要的一環，後來我跟薛超提起這件事，他說他研究看看，我推薦了頗受大家好評的幾本書，而我完全沒想到，這也啟發了薛超的「卡巴拉魂」。而我很注重自成一格，古老的資料必須要用現在的話語，經我評估之後，對於薛超發想出來的系統，我想，讓他自己寫比我更為適合，所以我就請他寫《托特牌的多重宇宙》的下冊。

後來他用他的東方玄學認知，把卡巴拉做了完整的闡述，經許多朋

友閱讀之後，他們也都認同我的想法，事實上就算是同一門學問，每個人切入的角度也都會不同，我認為，只要讓人可以對卡巴拉有認知跟興趣，就是成功的傳達，如果要看以前的資料，包括塔羅牌在內，我都覺得不如去研究早期文本，那是最沒有雜質的，而後人所傳達的，都是可以帶你入門的途徑而已。當然，我覺得後期的著作也是一部分面貌，就像心理學的佛洛依德與榮格，雖是不同門派，但之後也發展出每個諮商師不同的表達方式跟成績。換言之，對於每副牌的解說，包括我自己在內，也不是每個人都贊成我的見解，但不同的學派，本來就應該容許多元的面貌，這門學問才能吸納不同的人才去研究。

　　現在薛超終於寫出他的卡巴拉之書，即使他對卡牌的解釋跟我不全然相同，但學問本就因人而有不同的切入點，解卡好玩的地方就在這裡，當他人的理解跟我不同，那讓我也可以再思考看看，說不定就可以引出我新的途徑。

　　恭喜薛超，人還沒到台灣，著作就先來了，在台灣多元的碰撞下，希望大家會有不同的收穫。

自序

我對生命之樹的認識是源自於塔羅牌，也因為我從事的是中醫藥工作，因而對於哲學、預測這一類知識頗感興趣。

大約是在二〇一九年左右，一個陰差陽錯的機會讓我接觸到了塔羅牌，而吸引我的不僅是它獨特的畫面設計，更重要的是它所囊括的預測知識，其中就包含了「卡巴拉生命之樹」這一偉大的結構體系。當時，因為接觸到的資料有限，所以未能進行深入的學習，然而就在同年，我有幸認識了台灣著名的塔羅占星老師天空為限，並跟隨她學習托特塔羅牌，就在學習的過程中，逐步了解了諸多關於生命之樹的知識，並同時獲取了很多相關的研究資料和書籍，從那時起，開啟了我對該體系的學習和研究。

二〇二二年七月，在天空為限老師所出版的《托特塔羅的多重宇宙》一書中，承蒙老師對本人的認可，應允我在書中完成有關卡巴拉方面的文字註解，而該註解內容是建立在托特塔羅的基礎上，並客觀的揭示分析藏於其中的卡巴拉知識，但由於我對生命之樹體系的學習還不夠深入，所以在註解中，有關質點、路徑、希伯來字母等內容論述過於淺顯，

許多觀點以及體悟心得尚屬粗略，其中也不乏解釋不當之處，這裡我也向已讀過此部分內容或還未閱讀的讀者致以誠摯的歉意，在註解文出版後的時間裡，我更為努力的投入這些內容的研究，同時也迫切的期望能夠再次執筆，將它們進行更加完善、客觀的解析，這也正是本書最原始的寫作動機。

曾有很多初學或是正在學習生命之樹的朋友們都抱怨過，該體系有一定的難度，所以我在研究過程中也曾思考過這一問題，它的難度或許是因為兩個因素：

第一，由於我們與西方人存在著語言、文化、地緣、歷史、宗教等諸多的不同，這或許導致了彼此之間，對於原理的探究上存在著思維邏輯上的差異。

第二，又或許是生命之樹體系在不斷的傳承中，關聯到了西方神祕學的諸多門類，所以當今我們在研讀有關它的相關著作時，會很容易的和這些知識產生交織，因而較不容易單純而清晰的直視這一體系。

有鑑於以上兩點，我在書寫這本書時，也就不去涉及魔法、靈性、符號、宗教等領域，而是著重在華人本有的辯證思維邏輯角度，來跟大家一同審視生命之樹的結構。

卡巴拉生命之樹這一系統其實可類比東方陰陽哲學體系，比如其中的仁慈之柱與嚴厲之柱便可分別對應陰和陽這兩個屬性；而中柱的存在更是猶如古人所提到的「道」，那麼整個聖樹的極性之柱及各質點所勾勒出的，也是一個由上至下的萬物創生系統，在解讀生命之樹時，我便

是站在這一個基礎上，將二元陰陽之關係貫徹始終，即以側重於陰陽極性的運作關係來進行闡釋，同時也希望能夠依此角度讓讀者對它能有清晰客觀的認識。

本書所論述的主體內容是以赫爾墨斯（Hermes）卡巴拉體系結構為基礎，包括十個質點、二十二條路徑，以及相對應的希伯來字母，其中質點和路徑的文本依據，是援引自猶太神祕主義的早期文獻《Sepher Yetzirah–The Book Of Formation And The Thtrty Two Paths Of Wisdom》（中文暫譯《塞弗耶茲拉–形成之書與三十二條智慧之路》，以下皆簡稱為《形成之書》）一書，對於質點和路徑的英譯本描述文句，即這裡的每個質點均包含一個英譯名稱，但在本書中，僅作中英名稱標註而不加任何論述。

另外，在金色黎明會的相關研究中，也納入了對於二者相關的象徵物、祕傳學標題等內容，而我認為這些知識或可對質點及路徑的性質有一定揭示作用，所以也將這部分的內容分析觀點融入其中，而當中的每一個象徵物和標題名稱，是援引自Robert Wang的《The Qabalistic Tarot–A Textbook Of Mystical Philosophy》（中文暫譯《卡巴拉塔羅—神祕哲學教科書》）一書中所記載的相關名稱，作為翻譯的根據。

其次，我在每一質點和路徑標題下加註了對應的塔羅牌，但因本書內容不涉及卡牌與兩者之間的對應原理分析，故僅列名稱標註，以方便讀者查看。另由於筆者所使用的《形成之書》文本缺少路徑27的文句描述，因而將《卡巴拉塔羅》所收錄的相關內容進行翻譯，予以增補。此

外，關於希伯來字母的文本翻譯來源，則是援引Dion Fortune所撰寫的《The Mystical Qabalah》（繁體版為《祕法卡巴拉》，楓樹林出版，讀者亦可參考），本書正文引用文句是使用《祕法卡巴拉》原文書中所收錄的，及早期重要的猶太卡巴拉文獻《Zohar》（暫譯為《光輝之書》）一書的英譯本作為字母的敘述依據。

以上所徵引的各文本內容，因年代較早，所以行文敘述較為古奧，我是依照英文譯本內容，對其進行相對字面化的翻譯，並聚焦在生命之樹結構、各質點性質及其相對關係等層面來盡力釋義，所以譯文及正文的闡釋內容，都是個人研究的觀點，供大家參考，若有分析不到之處，還望讀者海涵。而正文中少數其它條文及論述文句，也源自上述文獻翻譯，此處不再多做詳述。此外，本書正文內所徵引的其它文句資料出處，也不再一一列舉，讀者可依書末的參考書目，自行檢索查閱。

至於本書的預測部分，是以生命之樹體系作為理論依據，而在我所掌握的文獻資料中，有關卡巴拉生命之樹的卡牌實際預測應用，及詳細指導的分析論述內容幾近於零，所以我在日常的卡牌預測工作中，也是以此作為占算時的基礎依據，力圖探索兩者之間所存在的應用關係，希望可以補全這一文獻上的空缺；而這其中不包含主流塔羅牌預測所涉及到的相關法則，也希望通過這些研究心得，可以揭示出生命之樹體系在卡牌預測中的理論作用，所以在該章節內，收錄了我所總結的幾條預測原理，並且挑選了五則實際案例作為範例，力求幫助讀者進行更加直觀、理性的理解。同時也在文末附上了對於常規塔羅牌的取捨問題，如

有讀者對於本書所闡述的預測理論部分有興趣，可以依照這部分內容對卡牌進行調整，並且可依我所提出的預測原理進行使用。這裡，我也要對將案例授權於本人進行闡釋的卡巴拉學習群組的林艾樺女士、張曉蓉女士表以誠摯的謝意。

在本書最初的設定中，我原本有意加入有關卡巴拉歷史的相應簡述內容，還邀請了北京的資深占星塔羅師劉洋女士為此部分草擬了大綱，同時也得到台灣神祕學及魔法領域的資深學者詹文貞女士對該部分內容規畫提出的寶貴意見，但後因本人對於主要內容文字進行了調整，在反覆思忖後，還是決定捨去有關歷史簡述的部分，使本書完全以「生命之樹主體內容」釋義及「預測」實用部分為主的結構來呈現。但在這裡，我仍要對兩位老師的付出表以誠摯的謝意，也希望在未來能再完成歷史部分的補充；這裡也要對卡巴拉學習群組陳穎萱女士為書籍投稿所付出的努力，以及商周出版社的總編輯何宜珍女士，特約編輯慧玲老師對本書出版所做的辛勤付出，以及李秋錦 Teresa 和張紹強兩位老師為本書提序，在此向老師們致以真誠的謝意。

最後感謝本人涉入塔羅牌領域時的啟蒙老師天空為限女士為此書作序，感激老師一直以來對於我的認可及提攜，同時也藉此書向所有幫助過我的老師，以及對於卡巴拉生命之樹體系及塔羅牌領域做出貢獻及推動的前輩們，致以最真誠的敬意。

薛超　撰於泰國清邁府

第1章

生命之樹的
基本結構簡述

在學習研究生命之樹的時候，我們所接觸到的圖形，是以十個質點作為基礎進行連線的平面構圖，這個看似簡單的設計，其實蘊含了生命之樹內部幾個重要的內容，即三柱、四世界層級、火焰之劍、四字母聖名，而這些部分也正是生命之樹所潛藏的核心基礎結構，以下內容是關於它們的簡要描述。

三柱

如圖A的三個「柱子」，是生命之樹體系中最基本的能量結構，它是從右至左的排列方式，以顯現出在偉大的創造中，所蘊含的基礎極性運作關係。

從右起依次為「仁慈之柱」、「平衡之柱」（也稱中柱）和「嚴厲之柱」，其極性歸屬分別為「動態的陽性面向」、「平穩的中性面向」和「被動的陰性面向」，若結合元素的性能特質，則又可對應於「火元素」、「風元素」及「水元素」。

生命之樹結構中所包含的所有質點，均可對應於這三個極性之柱上，其配屬質點如下：

仁慈之柱（陽性、火）
——— Chokmah、Chesed（陽中陰、火中水）、Netzach。
平衡中柱（中性、風）

────── Kether、Tiphareth、Yesod、Malkuth。

嚴厲之柱（陰性、水）

────── Binah、Geburah（陰中陽、水中火）、Hod。

平衡中柱

嚴厲之柱
（陰）

仁慈之柱
（陽性）

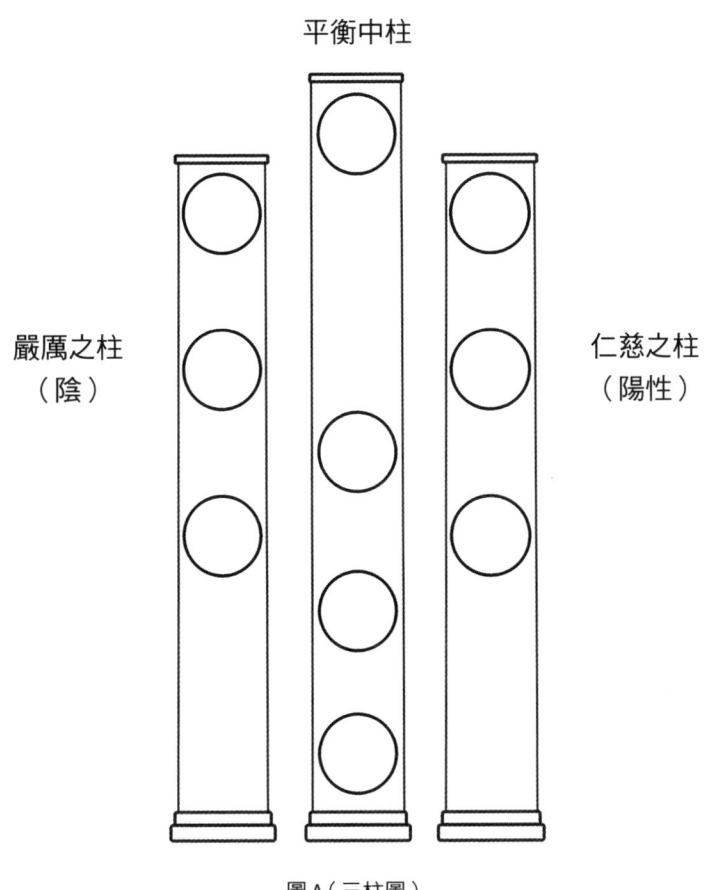

圖A（三柱圖）

在創造發起之前，本來是沒有所謂極性概念的，它是一種純然根本的融合狀態；然而若要啟動創世工作，就會打破此種模式且趨向分裂，於是在原本純一的基礎上便出現了對峙的互動關係，這也便催生出這三個重要的極性之柱，而在生命樹之中包含的運化原則、位階關係等，都要依託這三者之上才可予以呈現。

四世界

圖B中，這四個所謂的「世界」，依據樹的結構來看，客觀上它們是描述生命之樹因質點顯化，所體現的層次區域劃分，由上至下，依次名為「聖光世界」、「創造世界」、「形成世界」、「物質世界（行動世界）」，它們各自統攝的質點如下：

聖光世界 ──── Kether。
創造世界 ──── Chokmah、Binah。
形成世界 ──── Chesed、Geburah、Tiphareth、Netzach、Hod、Yesod。
物質世界 ──── Malkuth。

該分組模式依閃電下降的能量流溢進行排列，其中聖光世界以至高的神聖質點Kether作為對應，反映了偉大創造工作那絕對平衡的起始處。

關於創造世界,則分別以兩個極性之柱的高點Chokmah及Binah作為對應,兩者反映了,從無至有的創造工作背後那根本的陰陽運

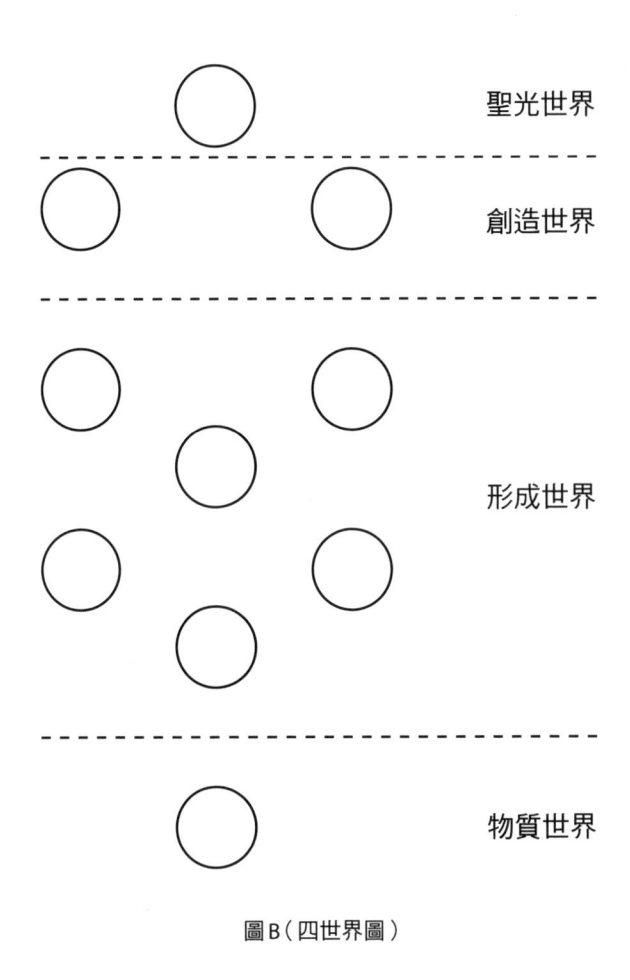

聖光世界

創造世界

形成世界

物質世界

圖B(四世界圖)

第一章 —— 生命之樹的基本結構簡述　023

作法則；形成世界是四個層級中，包含質點數量最多的區域，分別為Chesed、Geburah、Tiphareth、Netzach、Hod、Yesod，它們以兩組對稱的極性關係以及兩個中位平衡點，反映出在創造過程中，能量必經的具化運行階段；至於物質世界，則是以末位質點Malkuth作為對應，反映的是位於生命之樹最底端的沉重物質區域，同時它也是造物工作的最終結晶。

這四世界的整體分布依照由上至下的次序排列，從輕至重，由虛至實，反映出一種層級分明的空間運作設定，筆者覺得，這或可視為是生命之樹結構中所展現出的一種「空間層次」模式。

此外在《祕法卡巴拉》原文書中，作者還記錄了一個以三位一體的方式排列出的四界劃分模式，即圖C。

知識世界 ──────── Kether、Chokmah、Binah。

道德世界 ──────── Chesed、Geburah、Tiphareth。

星體（魔法）世界 ──────── Netzach、Hod、Yesod。

物質世界 ──────── Malkuth。

其中星體及物質界定義，是該書作者以原分類方式所進行的自行改動稱名，此處僅列舉該排列方式以供參考，不做過多論述，有興趣的讀者可參考該書相關內容，自行查找學習。而本書內容所依據的世界層級模式，是以圖B為主。

知識世界

道德世界

星體（魔法）世界

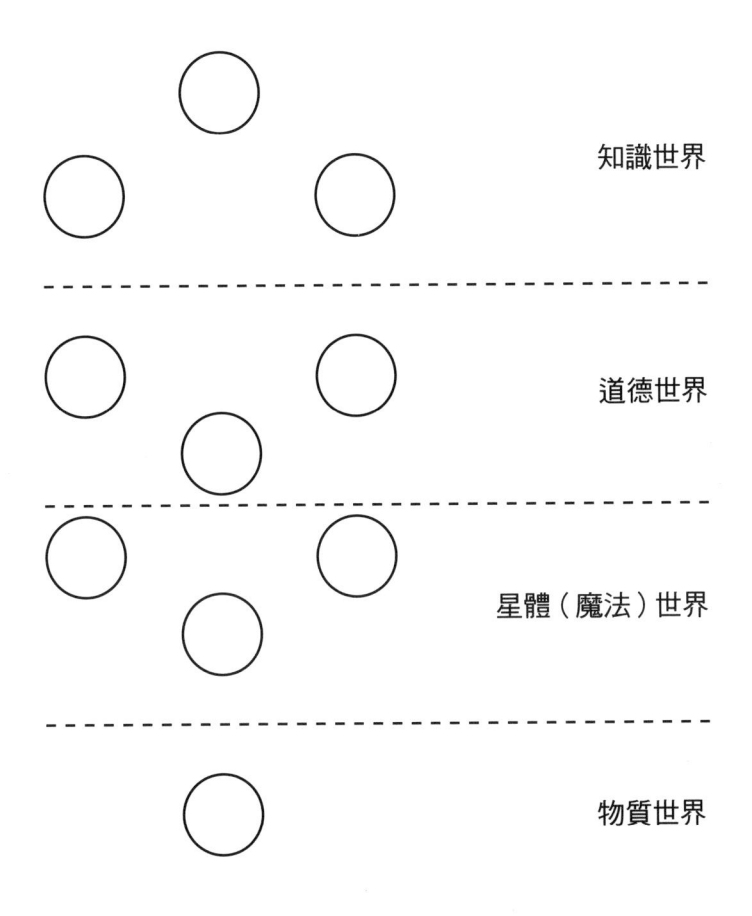

物質世界

圖C（三位一體分界圖）

第一章 —— 生命之樹的基本結構簡述

火焰之劍（閃電下降路徑）

　　這個名稱的含義，客觀從樹的結構角度來看，是描述質點的能量由頂部行至底層的順勢流動狀態，這個通路也是構成質點彼此遞進銜接的

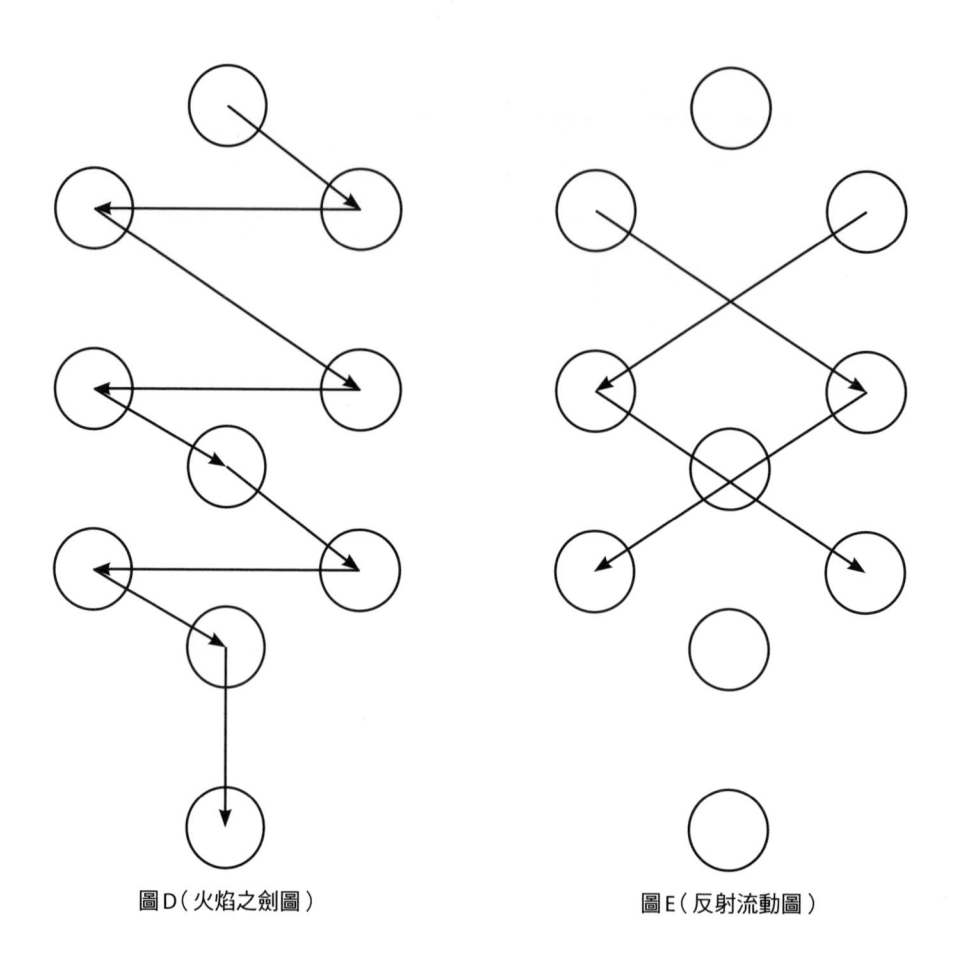

圖D（火焰之劍圖）　　　　　　圖E（反射流動圖）

八條[1]關聯路徑，如圖D。

它們所展現出的能量流動狀態，較其餘十四條路徑更為直接且流暢，這裡能量依次的流動，由平穩的中位作為起始點，從右側的陽性之柱開始，進行對稱釋放，然後逐步推進，經由左側的陰性之柱承接，再由中柱進行相對的中和調停，由此循環交替，重複往返，直至最終的物質界，其能量從右至左交互發生，這一循行過程，猶如時間流動的前進模式，此處筆者認為，這裡火焰之劍的設定，可以視為生命之樹結構中所展現的一種「時間序列」模式。

值得一提的是，在生命之樹的結構框架中，同樣包含著另一種質點交互式的反射流動連結，而在《祕法卡巴拉》一書中，稱此種連接方式，可配屬於希伯來字母中的三個母子母及所屬元素，如圖E，即陽組三質點「Chokmah-Geburah-Netzach」可對應於火字母Shin，陰組三質點「Binah-Chesed-Hod」可對應水字母Mem，兩組路徑都要經過Tiphareth的銜接，以完成由上至下的能量引導。這兩組配置形成一個互為交叉的線路，依照各自所屬的質點極性來看，其關聯主要聚焦在陰陽兩股極性之柱上，且各自的中位質點，即Chesed與Geburah是為極性能量向下流溢的轉化樞紐，這構成了兩組存在於創造世界及形成世界之中的間隔反射路徑，這也使得它們和經典的閃電路徑的陰陽運作模式有所不同，雖

---

1. 若將隱匿的Binah和Chesed所組成的連線計入，則為九條。

然不是像閃電路徑那樣作用到底層，但也同是反應出，在創造世界及形成世界所顯化出的創生互動過程。至於風字母Aleph，可對應中柱三質點「Kether–Tiphareth–Yesod」，但在實際預測中，上述兩條反射路徑更能明顯的反映事件的運動狀態及過程，讀者可參見預測的章節，此處不多贅述。

筆者認為這兩者的區別在於，傳統的閃電運行路徑是側重線性的能量推進模式，而反射路徑則是側重體現跨層次的能量交隔模式。

四字母聖名結構（YHVH）

該排列法則是以Yod、Heh、Vau、Heh四個希伯來字母作為構成上主聖名的基礎元素，其中字母Yod、Heh分別對應基本的陽性及陰性能量，同時也反映出實現創造工作的基本極性原則；字母Vau則對應神性的中柱，它反映出的是陰陽兩種極性作用的中間過渡階段及其產生的即時平衡影響，類比於造物工作的運化趨形階段；而最後一個重複出現的字母Heh，則對應著創造工作的最終物質結果。

這四個字母所彰顯的性質，也同樣可對應於十個質點中的Chokmah、Binah、Tiphareth、Malkuth，而該字母排序法則包含三柱的極性歸屬以及最終物質界的領域，所以此結構所呈現出的是一種簡易式的二元創生排序模式（如圖F），對於四字母及其質點的分別解析可詳見正文的相關對應文字，此處暫不贅述。

Binah／
字母 Heh ----

Chokmah／
字母 Yod

Tiphareth／
字母 Vau

Malkuth／
字母 Heh

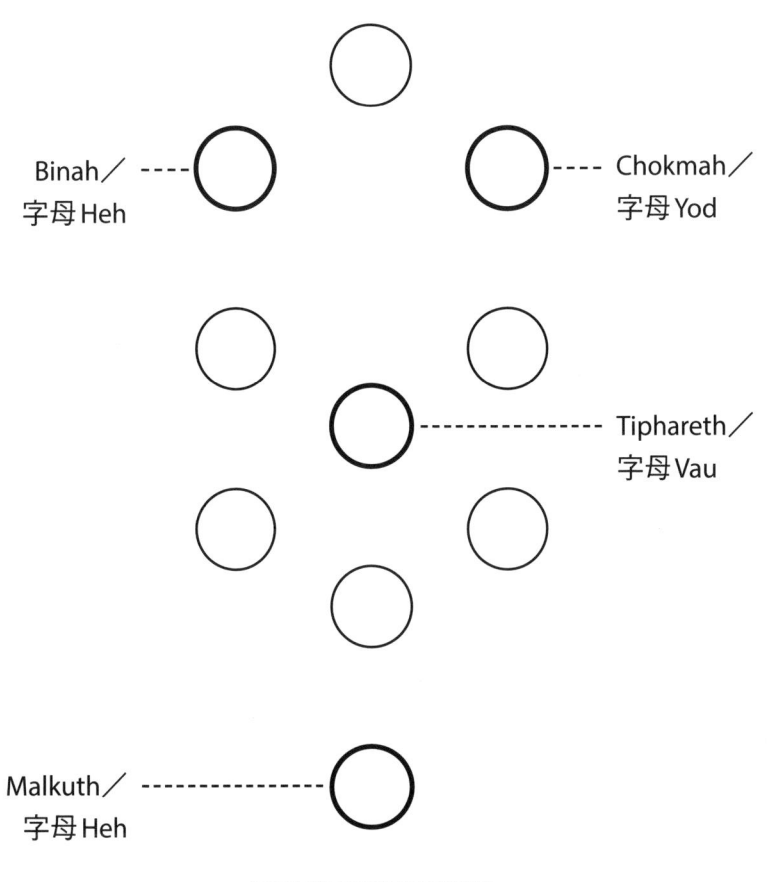

圖 F（四字母聖名結構圖）

第一章 —— 生命之樹的基本結構簡述

第2章

十個質點

Kether（王冠 Crown）／
可欽佩的或隱藏的智慧

《形成之書》：第一條路徑稱為可欽佩的或隱藏的智慧「最高的王冠」：因為這光，是賦予了理解無始的第一原則力量，它是原始榮耀，因為沒有任何一個受造物能夠達到它的本質。

象徵物：王冠、點
塔羅牌：小牌組中四張 Ace 牌

　　Kether 這個質點位於生命之樹結構圖的最高處。
　　它的顯化呈現出那絕對合一的神性之光，所謂的「合一」，是指它含藏著支配造物工作的那二元相對的極性運作性質，並且使之合而為一，同時它也是其餘眾質點能量效應的發源之處，也就是路徑 11 文本所稱的「因中之因」。
　　因為它尊貴的位階和本質，在傳統象徵中它被對應於「王冠」，Kether 同時也反映出創造工作在行動之前所呈現出的，那個至高且不可度量的隱匿階段，所以《形成之書》將它定義為「可欽佩的或隱藏的智慧」。
　　依照數字的發展順序來看，該質點的排序為一，但它的顯化必定還

存在著一個根源，若以 Kether 作為一，那早於一或高於一的狀態應是它的「因」，此種狀態也是有別於「一」所引發出的萬有，是以一種不可體察且恆存的模式存在。這種似隱非隱的存在模式，應是位於十個質點之上，即名稱中均含有「Ain（無）」內涵的三道帷幕，英譯為 Ain（無），其次為 Ain Soph（無盡），Ain Soph Aur（無盡光）。

在筆者看來，這個文本所定義的「隱藏」也同樣隱喻著沉寂於 Kether 背後這個無法觸及的區域，但是最後的 Ain Soph Aur，是以光作為此種無盡能量狀態的顯現，而處於這個帷幕層次中其所衍化出的能量顯化──光，同樣是不可測度的。所以，這裡必要藉由一個顯現來揭示這種不可度量的光之狀態，這便催化出了 Kether 的呈現，這也應當是該質點所對應的象徵物中包含「點」的原因。所以 Kether 這個「原始榮耀」的出現，是點亮了那不可觸及的無始狀態，文本的描述為：「因為這光，是賦予了理解無始的第一原則力量。」然而，雖確立了光的存在，但它仍是一種絕對純然的穩定狀態（中性），這當中包容著能量最初始的性能特質，即象徵動態面向的極性-陽，與象徵靜態面向的極性-陰，而藉由這兩種原初極性，再又劃分為四組，且透過自然現象的表現，即是陽性的燥烈、炎上、奔放狀態可以對應於「火」；陰性的陰濕、趨下、內斂狀態可對應於「水」；陽性的流通、鼓動、不定狀態可對應於「風」；陰性的沉悶、緩慢、穩固狀態可對應於「土」。

這裡我們要注意的是，能量本有的這些特質，反映的是它們的「性」，並且不是狹義反映在現實世界的物理現象，這些特性在 Kether 同

第二章 ── 十個質點　033

一的本質中彼此交融，互通有無，是高於一切萬物的原初根本性質，所以文中稱：「它是原始榮耀，因為沒有任何一個受造物能夠到達它的本質。」到這裡也許讀者會問，既然Kether包含著四元素的原性，那為何在質點歸類中，僅僅使之對應風元素？

因為，風在日常經驗中的物理現象多是動態的表現，而細看卡巴拉系統中對此元素的定名多用「Air」，即空氣。這個名詞直觀的反映出氣體流動這一運作狀態，該單詞也具有著「空」的概念及意涵，而這個「空」的存在，是不可以通過直觀方式來進行捕捉和察覺的，但萬事萬物無一不是存在於這個虛空的固定狀態之中，這恰恰與Kether絕對穩固的神性特質相類同，所以筆者認為，先哲們在選擇這部分對應時，應當是有關乎到這層深意，因而如此為之。

在生命之樹的三柱系統中，Kether對應於中央的「平衡中柱」之頂端，象徵著絕對的平穩、中性、中和等特質。而在四世界的對應之中，被歸類於「Atzilut（聖光世界）」，因為這裡是造物主榮耀光輝的顯化之處，偉大的創造工作也是藉由此而隨即展開。

Chokmah（智慧 Wisdom）/ 光耀的智慧

《形成之書》：第二條路徑稱為光耀的智慧。它是創造的王冠，統一的光輝與它同等，並且高於眾頭之上，被卡巴拉主義者命名為第二榮耀。

象徵物：林迦（陽具）
塔羅牌：小牌組四張2號牌

Chokmah 在生命之樹的結構圖裡，屬於 Kether 之後的第二個能量顯化點。

在這一股陽性勢能的完美釋放中，打開了未顯化的 Kether 那絕對合一的狀態，這個質點的出現也宣告了神聖造物工作的正式啟動。而 Chokmah 是未經 Binah 的陰性特質影響，可謂是一種不具形式、自由且無窮的純粹能量，所以這個質點的存在，同樣呈現出了那成就一切生命活動的原初動力機能，如同《祕法卡巴拉》原文書中所描寫的：「然而需要明確的是，Chokmah 的領域與生育崇拜本身無關，除了男性、動力，是主要的生命賦予者和召喚者……」。

在《形成之書》的文本描述中，Chokmah 被定義為「光耀的智慧」，雖然 Kether 象徵著上主那崇高的光輝，但它仍是一種蟄伏隱密的寂然狀

態，必須經由其所蘊藏的Chokmah所象徵的那股陽性力量來完成初始的發動，所以該點與Kether的關係也正如文本所稱，即「它是創造的王冠，統一的光輝與它同等」，但這並不是說它就是那至高的王冠，它僅僅是Kether之中含藏的動態面向的表達，是它神性光輝的純一釋放點，因此Chokmah的化現讓它座落於那些後續將要顯化的各質點之上，並作為彰顯神性的至高者Kether那純一的能量途徑，這裡文本稱它為：「高於眾頭之上，被卡巴拉主義者稱之為第二榮耀。」

　　Chokmah的象徵對應是直線，筆者認為這應當是隱喻了兩個質點之間這種極近的線性釋放關係，據此在四元素的分配中，這個質點是與動態不羈、炙熱炎上的火元素進行了對應，如果以陰陽的哲學概念進行定義，Chokmah屬陽，是動態的，其表現形式是外放的、發散的。所以在該質點的世俗象徵中，主以男性、陽具（印度的概念稱為「林迦」）與之相對應，而這種性質特徵也使其配屬於四聖名字母結構中的Yod，這個作為上主耶和華聖名的開頭字母，它揭示了陽性的勢能是傳輸於上主神聖光輝的能量顯化所在，也是激活創世工作純一的動態體現。

　　在生命之樹的三柱系統中，Chokmah點燃了陽性的「仁慈之柱」，該柱所呈現出的亦是陽性、動態、炎上、活躍之性質，而在四世界的層級對應中，Chokmah可對應於「Beriah（創造世界）」。

Binah（理解 Understanding）／聖化的智慧

《形成之書》：第三條路徑稱為聖化的智慧，是原初智慧的基礎，被稱為信心之締造者，其根源是阿門，它是信心之本，而信心源自其美德。

象徵物：尤尼（陰器）、聖杯
塔羅牌：小牌組中四張3號牌

Binah在生命之樹的結構圖中，是繼Chokmah之後的第三個能量顯化點。

這個質點是以靜態、陰性、限制的狀態顯現，它使本來自由、無限的陽性動能Chokmah得以被界定規範。

在物理學中，存在一種勻速直線運動的概念，即物體運動過程中「不受外力」或「外力為零」，其速度大小與方向不變，也就是說，該物體滿足條件時，會一直運動下去，我們可以將此狀態類比質點Chokmah，那麼Binah的顯化即是這種運動在現實當中所出現的必然阻力，這可使原本所謂「無限」的狀態變為「有限」，但也正是Binah這種限制性，促成了陰陽極性的創造結構，所以該質點的化現才可說是標定了造物工作的真正展開，這也與東方哲學體系中以「三生萬物」的概念

如出一轍。

　　此處 Chokmah 的神之名，稱謂是 YH，Binah 的神名稱作 YHVH ALHIM，而 Binah 被賦予的這個稱謂，便對應到四聖名系統中的全部字母 Yod、Heh、Vau、Heh，相較於 Chokmah 多出來的是 Vau 和 Heh。筆者認為神之名在 Binah 中得以全然彰顯，其實就是突出它被動承載的重要性質，它雖然還不能呈現出創造的最終形態，但是經由接受來自 Chokmah 的創造機能，並加上原初的形限影響，繼而通過孕育的調和階段，從而顯化出最終的物質狀態，字母 Heh 在聖名的結構中一共出現了兩次，這也正影射出煉金術的重要概念「如在其上，如在其下」的完美意涵。以上所述的意義，便是該質點在世俗象徵中被對應於「尤尼」，即女性陰器的原因所在。

　　《形成之書》將該質點定義為「聖化的智慧」，同時描述其是「原初智慧的基礎」，而後者這個基礎的意思，筆者認為指的應當是 Binah 能夠賦予能量初始的界定限制，所以造物主所釋放出的那不可言喻的創世機能，才得以被低維的事物接受和確認，這應當就是該質點所呈現出的一種「聖化」內涵。文本中給予它「信心的締造者」的定義，這裡所提及的「信心」是一種指向性的詞彙，即是對至高的耶和華升起一種接納，或者稱作確定性的認可及信任，此處接受的過程，也是對應到 Binah 陰性的被動性特質，而在生命之樹中作為神聖高點的體現，即是 Kether，它是 Binah 這一陰性勢能的原初潛藏處，所以書中引用神聖詞語「阿門」（Amen，希伯來語語譯詞）一詞，也可說是 Kether 的一個指稱，因而言

之：「其根源是阿門，它是信心之本，而信心源自其美德。」就這些陳述，在筆者看來，也正描繪了兩個質點之間的微妙關聯。

因為Binah靜態、沉靜、限制、被動的特質，在元素的分配中，使之與同樣代表陰性勢能的水元素對應在一起。而水同樣具備著承載及容納的特質，這也聯繫到了Binah的另一個象徵：「聖杯」。相傳，它是耶穌受難前用來盛裝象徵祂聖血的紅葡萄酒，而於其受難後，又被用來收納祂的鮮血，據說喝下這個杯子盛過的水便可起死回生。如果我們跳出歷史的記載，運用卡巴拉思想來解釋，或許就能明白這個傳說的最初真意——杯子的承載可對應Binah的被動接收，其中盛裝的聖血，象徵著由Chokmah流溢出的陽性的創造機能，而「重生」則意味著陰陽兩面的互動，是帶來了與兩者體性不同的一種全新存在，如同得經由男女的交合，才能創造出新一代的生命。

在生命之樹的三柱系統中，Binah開啟了「嚴厲之柱」的起點，該柱所呈現的是陰性、靜態、趨下、內斂之性質，在四世界的層級對應中，它同樣分配給了Beriah（創造世界）與Chokmah共同構成的——陰陽相對的極性法則。

Chesed（仁慈 Mercy）/ 聚合或接受的智慧

《形成之書》：第四條路徑稱為聚合或接受的智慧，之所以如此稱呼，是因為它蘊含著所有神聖力量，並從中散發出所有最崇高本質的精神美德，它們透過原始散發的力量，從而相繼散射出來。（最高的王冠）

象徵物：正方形、十字、金字塔
塔羅牌：小牌組四張4號牌

Chesed是生命之樹上第四個能量顯化點。

若以三柱的分布來看，Chesed是處於陽性「仁慈之柱」的中位質點。如果我們按照「閃電下降」的路徑順序來看，它應該是能量推進至第三質點Binah之後的遞進落點，但是因為圖中位於二者之間的那個空白區域（深淵），將樹分為上下兩層，讓人看上去不會馬上看到這種遞進關係，但它還是客觀存在的。這裡回看同樣位於陽性之柱的質點Chokmah，它的顯化是基於絕對圓融的質點Kether，藉由這個源頭它成為陽性的第一個點，並依創生順序開啟了Binah的顯化，所以Chesed的出現仍是遵循下降的曲線行徑，但不同的是，它承接的是經由深淵的隱質點「達斯」的協調影響，進而投射出那源自Binah的能量散射，依照

二元互動的交替原則，最終坐落於陰性之柱的對側，即歸屬於Chokmah的仁慈之柱；但因為深淵的分界，它被位列於上位三個質點的下方，成為下層（形成）世界的第一演化質點。

由於上述傳導的方式，以及該質點與上層極近的關係，在Chesed的特質之中，能讓我們看到些許來自質點Binah的性質之影響，這也使得身為陽性之柱一側的它，可顯化出相較穩定規則的質點性能，所以在Chesed的傳統卡巴拉釋義中，多被對應到框架、穩固等相關意涵，在該質點所對應的幾類象徵中，如正方形、十字、金字塔等都是要建立在等邊對稱的結構框架基礎上，才可以構建完成，這也正是Chesed所具備的性質，在實際的物質世界中有很好的對應跟印證。而Chesed與Binah之間的這種相對傳遞狀態，用中國的哲學系統來看，便體現了陰陽相對關係中「互根、轉化」的運作模式。

而在研究這個質點時，對於它所涉及到的元素性質的對應問題，我認為並不能被單純的對應於火元素，因為這個質點在創生順序中，與Binah的遞進關係，使其在必然趨向陽性之柱的邁進過程中，便受到了陰性特質的影響；而在其性質的定位上，仍應列屬陽性一側，只是當中也兼具了陰性之柱一側的水性凝聚特質，所以在元素的分配上，我覺得它可以被定義為火中水。我們再一次著眼它在仁慈之柱一端的位置，恰好處於該結構的中點，而「中」這個定位，正是一個陰陽轉化、二元交融的絕妙位置，在《生命之樹卡巴拉–西方神祕學的魔法根本》一書裡，於〈理解卡巴拉的關鍵：存在的極性〉的章節中，其文字下的圖表內，

也是將此質點直接對應於水元素，有興趣的讀者或可自行查看。

Chesed在《形成之書》中被定義為是「聚合或接受的智慧」，其描述為「因為它蘊含著所有神聖力量，並從中散發出所有最崇高本質的精神美德」，此處名義及行文所要表達的，或應是它接受並含藏著經由Binah所散射而來的，源自上層的神聖力量，又因為其位居在以Chokmah為主的陽性仁慈之柱一側，繼而可將源自Kether所本具的崇高能量，於下層繼續放射出去（文本句末也出現了最高王冠的標註），經由此，也相繼開啟了後續各點的顯化，這應當便是文本所提到的「它們透過原始散發的力量，從而相繼散射出來」所描述的內涵。

Chesed在四世界層級的劃分中，被對應於「Yetzirath（形成世界）」，這個層級在卡巴拉系統中還可以對應人類自我意識的部分，稱為「Ruach」，此質點在其中是對應於「記憶」。

淺述達斯

達斯在生命之樹中是一個神祕而隱性的存在，諸多學者都對它進行過相應的論述，此處筆者僅就個人的研究觀點，對其做一個簡明的闡釋說明，以供讀者參考：

首先達斯在生命之樹結構中，被放置位於上位三質點的正下方（如圖G），主宰著上下世界層級的中心區域，理論上稱此部分為「深淵」，而該點所在之處，按三柱結構劃分來看，是落在平衡中柱之上，坐標上方是至尊的質點Kether。但達斯並不能直接的理解為Kether的縱向投

→ 達斯

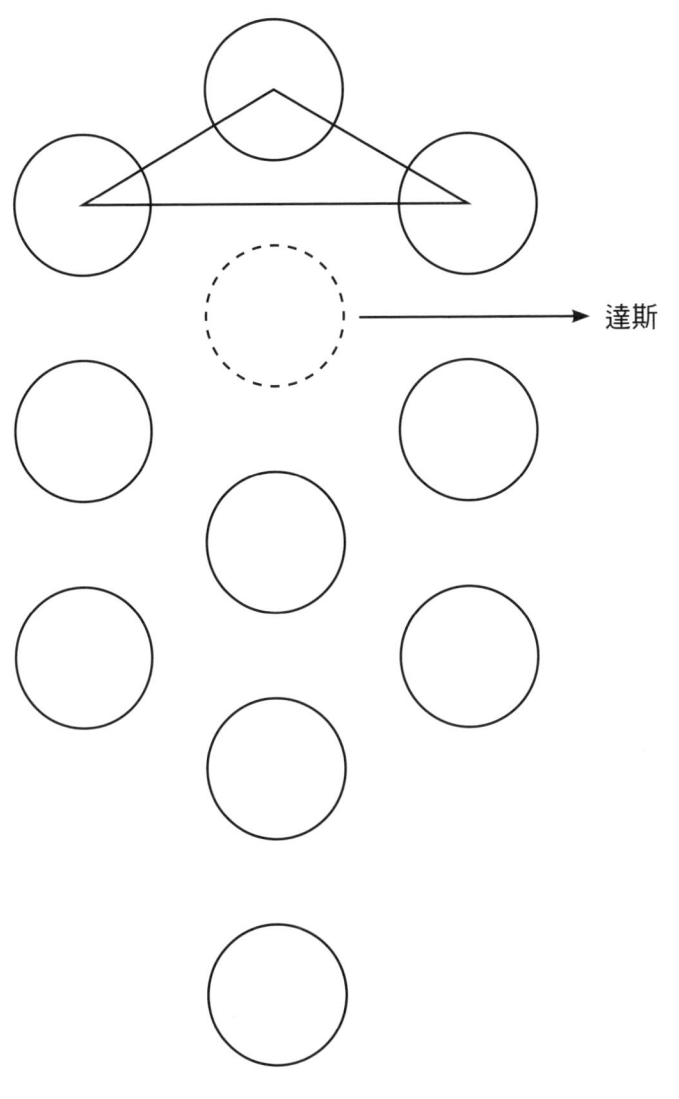

圖G（達斯位置圖）

第二章 ── 十個質點　043

射，而是以其下Chokmah及Binah的極性運作為基礎所相對呈現出來的，理由是Kether雖是處於生命之樹結構的頂點，但它並非是能量散射後所顯現的二元互動法則的實際參與者，只可以說，它是該運作效應的始發處。所以在純然穩定的絕對狀態中，陰陽尚未判列分離，那何以再提出三柱的特質關係呢？這也就說明了並不存在Kether直接散射出達斯這一過程。

筆者在討論質點Tiphareth時會提到，在極性的相互運作中，必然存在著的那即時的平衡效應，它是作為二元運作的調停中和之處，是循環此模式的相對運化樞紐，那麼當位居高位的Chokmah和Binah產生出原始的極性互動時，其中也會存在一種相對的中性影響，而這種位高且不可言狀的原初中性本質，在我看來應當是達斯存在的體現，依照這意義來看，或可說達斯的顯現，可謂是真正意義上的中柱開端。

但或許是生命之樹系統的設計需要，又或是歷來的研究者們對於它的不同見解，最終在我們主流所見到的這一版本的生命之樹結構圖中，並未見到對於達斯的標註，但是筆者在參閱相關文獻資料時，也見到了十一個質點所組成的結構圖，即在圖中對達斯進行了標註，由此可以看出，關於該點的研究一直都存在著；筆者在日常的占算之中發現，該點對實際預測價值其實並不是很大，或者說基本上是用不到的，但是它在生命之樹系統中的價值，以及牽涉至宗教內部研究運用上，其地位還是極為重要，不可將它輕易忽視。

Geburah（嚴厲 Severity）／激進的智慧

《形成之書》：第五條路徑稱為激進的智慧，因為它本身便等同於合一的本質，將自身與 Binah，即從智慧的 Chokmah 那原始深處散發出來的智慧相結合起來。

象徵物：矛、鎖鏈
塔羅牌：小牌組四張 5 號牌

　　Geburah 是生命之樹上第五個能量顯化點。

　　在傳統卡巴拉釋義中，Geburah 具有暴力、摧毀、瓦解等意涵，而這些特質也多會將它與「力量」一詞產生聯繫（該質點的名稱另有翻譯為力量），筆者認為這些顯示「破壞性」的詞彙，也能同時反應出在 Geburah 的機動狀態中所蘊含的陽性勢能，如強大、剛毅、勇猛等面向，而這也正呼應了此質點的神之名「力量之神」以及文本名稱定義「激進的智慧」，所以這個質點所對應的矛及鎖鏈這些具有傷害性的兵器，正精準的反映了 Geburah 的破壞、催毀等意涵，而它所標誌的特質與 Chesed 所對應的穩固、構建等意義也正為相反。

　　在上文的敘述中，我們提到 Chesed 的顯化是有著來自 Binah 的相應

影響,這也使得它原處於代表陽性勢能的「仁慈之柱」一側,但反映出的卻是陰性與靜態的特質。在生命之樹圖中,我們可以看到這兩個質點也會形成一個位置相斜的連線關係。反觀Geburah,雖然它位居陰性勢能的「嚴厲之柱」之中點,但它所反映出的,恰恰是與之相對的,以質點Chokmah作為起始的仁慈之柱一側的陽性能量之特點,亦即在水元素的性質當中呈現出火的機能。這個原因同於前面討論Chesed時所提到的陰陽互根、轉化的交互原則。

在結構圖中,Geburah與Chokmah同樣可以形成一個斜位連線關係,Chesed的顯化建立是接受到了Binah的陰性特質影響,這說明了兩者的連線符合閃電下降的直線遞進式關係;而Geburah與Chokmah所構成的連線關係更是一種間接的反射機制,所以兩者之間的能量銜接,是一種間隔、跨層次式的陰陽互動的影響。

《形成之書》中提到該質點的描述為:「將自身與Binah,即從智慧的Chokmah那原始深處散發出來的智慧相結合起來。」文本這句陳述,筆者認為其反應出了Geburah和Binah均為陰性質點的同性從屬關係,而Binah又是經由Chokmah所釋放而來,那麼與之相結合的從屬Geburah,則必然和Chokmah存在著一定的關聯(文本也著重點出該質點),而這正與上面所論述兩者的反射關係相呼應,該極性中點也可謂是開啟以Netzach為始的,形成世界趨向更為具化的下層部分的上位能量來源,如同Kether為一切開始時的原初基礎一樣,這也應當是文本所說的「因為它本身便等同於同一的本質」所欲闡述的內涵。

在四世界的層級劃分中，Geburah和Chesed同樣被歸類於「Yetzirath（形成世界）」，它在人體自我意識部分是被對應於「意志」。

Tiphareth（美麗 Beauty）／調節的智慧

《形成之書》：第六條路徑稱為調節的智慧，因為在它裡面，放射物的湧入會倍增，因為它使影響力流入所有祝福的儲存庫中，而它們本身又在這之中相互結合起來。

象徵物：等邊立方體
塔羅牌：小牌組四張6號牌

　　Tiphareth是生命之樹中第六個能量顯化點。
　　就在Geburah的特性呈現之後，依據線性的閃電下降順序，必會在此偏性作用下趨向另一個極性點，但是我們發現這個遞進過程並不是直接由陰性（嚴厲）之柱邁向陽性（仁慈）之柱，而是中間出現了一個點Tiphareth，將此兩者做一個過渡、銜接，使它們得到協調疏通，所以這體現了該質點在生命之樹中所反映的調節、平衡的中性作用；在四世界的層級劃分中，Tiphareth被歸類於「Yetzirath（形成世界）」同時也是各質點之中心；而Tiphareth的存在狀態，可以使相對的兩個極點在循環無端的消長（不平衡）過程裡得以平衡歸中，但該效應並不像Kether那樣是絕對永恆的存在，反之是一種相對的即時存在，就像筆者在卡巴拉

註解中所談到的：「Tiphareth的性質是藉由能量經歷多個階段的下降，也就是經過圓質的對立互動，才可展現出即時的平衡狀態，這就好比兩隻行走的腳，在不斷遞進的過程中，總有一個瞬間會達到彼此之間的相對齊平，這種狀態雖然短暫，但其性質是平穩的。這也是它與代表絕對完美神性的圓質Kether不同的地方，也正因為如此，使得它與Kether互為表裡，成為在生命之樹下方神性Kether的反照和影射。」在人類自我意識部分中，該質點被對應在位於中心的「想像」層面。

在《形成之書》文本中，給予此質點的定義是「調節的智慧」，這正突顯出它在生命之樹中呈現的，具重要疏導、調節的作用，該質點的顯化若是依能量順生的流動規則來看，是基於Geburah下降至Netzach這組陰陽勢能的極性互動。在討論隱質點達斯時，本人也提到，它中性特質的體現，是基於Chokmah及Binah這兩股極性的相互運作，透過該模式，能量的順行流動又於其下，並且化生出生命之樹的第二組互動連接Chesed-Geburah，也可以說這組關聯是初始極性關係一種向下的增益顯現，依此再次倍生出低於達斯的中位影響，這即是更為深化的神性質點Tiphareth，筆者認為，這或許應是文本所說「因為在它裡面，放射物的湧入會倍增」這一句的大致內涵。

Tiphareth的存在也是開啟形成世界下部極性運作的能量轉樞，進而銜接起整個生命之樹的形化結構，並勾連起除了Malkuth之外的所有質點，以使每個分散處能有機的結合成為一個整體，所以文本給出的描述是：「因為它使影響力流入所有祝福的儲存庫中，而它們本身又在這

之中相互結合起來。」

在與元素的對應之中，Tiphareth被分配於風元素。在中柱頂端的Kether中，元素風（空氣或空）為我們展現的，是絕對而無所循跡的穩定存在。而在Tiphareth中，這種神性的平穩狀態尚在，但因為它本具的特質需要通過陰陽的兩極互動才得以呈現，因而這裡也展現了該質點所對應風（空氣或空）那種覆蓋一切，往復流通的動態性能。

在四聖名字母的公式中，Tiphareth對應於Vau。它是該公式的第三個顯化，也是創造工作的第三個結合（孕育）部分，該平衡源自前兩個字母Yod和Heh這陰陽兩種極性的影響，使之得以融合、轉化。

另外在Tiphareth與其上的質點關係來看，它所處的位置也可與上方五個質點形成一個六點平衡關係，若將它們進行相互連線，可組成一個完美的等邊立方體，所以這裡筆者認為，立方體同時作為Tiphareth的對應物，是間接影射了由該質點所呈現出的相對平衡效應。

Netzach（勝利Victory）／神祕的智慧

《形成之書》第七條路徑稱為神祕的智慧，因為它是所有智力美德的光輝，只可以透過智力之目和對信仰的沉思來感知。

象徵物：玫瑰、腰帶
塔羅牌：小牌組四張7號牌

Netzach是生命之樹上第七個能量顯化點。

依造物工作下降運行的軌跡，Netzach質點的湧動呈現，是起於中位的神性質點Tiphareth，但它本具的陽性動態特質，並非直接源自於這個中性的媒介點，雖然Netzach坐落於陽性的仁慈之柱一側，但若要在該極性面上呈現，依能量的下降遞進流動，必然要以陰性一方的互動協作才可完成，它承接源於陰性Geburah強勢破壞的偏性影響，從而顯現至陽性之柱基底以作為其最後的動態活躍點，這裡的兩個質點間隔著平衡中柱的Tiphareth，在其疏通協調的作用下，也完成了兩者之間的能量傳遞，而質點Geburah的性能顯化，同樣可追溯至仁慈之柱其上的頂點Chokmah，所以三個質點之間便形成對角連線，並構成陽性之柱一側間隔跨層次式的極性反射路徑。

在傳統的四世界層級劃分中，Netzach被分配於形成世界，在人的內在自我意識中，該部分是「小我」的低層人格部分。

在《形成之書》中，賦予該質點的定義是「神祕的智慧」，就其文本描述來看，「智力、沉思」之含義指的是，與Netzach相對的質點Hod所本具的特質，筆者認為這種反向的敘述應當是依據極性相對法則，從而間接指向，導致智能顯現的動態能量乃起自Netzach。

在世俗的經驗中，無論在哪個領域，凡是能夠一門深入的研究者，多是對於涉獵的領域有一定程度上的熱忱和喜愛，反之只是例行公事，因而其建樹深度未必如前者來得深廣，這個例子也許本人舉的並不嚴謹，但我想表達的是，促使才能發揮到極致的那股動能在兩者之間所起到的重要作用。正如原文所闡述的：「因為它是所有智力美德的光輝，只可以透過智力之目和對信仰的沉思來感知。」該質點在低我人格之區域中被對應於「情感」，故此也更衍生出主觀、感性、愛、本能等意向，同時也使之關聯到神話體系當中的愛神維納斯以及占星系統中的金星，而與之相對應的象徵——玫瑰，也可以反映上述意涵。

至於象徵的腰帶，應是取自維納斯身上所佩戴的那條極具魅力的腰帶作為對應。

Hod（宏偉Splendour）／絕對或完美的智慧

《形成之書》：第八條路徑稱為絕對或完美的智慧，因為它是原始的方式，它沒有可以依附或休息的根源，除了在Gedulah的隱藏之處，從而於其自身的本質中散發出來。

象徵物：名字、短詩
塔羅牌：小牌組四張8號牌

　　Hod是生命之樹的第八個能量顯化點，是位於陰性的嚴厲之柱上最後的結點。

　　能量在Netzach中呈現出陽性之柱一側末端的動態特質，而Hod依據閃電下降的遞進順序，接收了來自該質點的動能散射，由於自身極性特質的影響，使其得以相應的抑制，並且在必然的趨化過程中，使能量趨向更細化的形式予以呈現。在四世界的層級劃分中，Hod被歸類於「Yetzirath（形成世界）」，在低我區域中，對應於「理智」，於此也衍生出理性、分析、才智、思緒等頗具「緻密」性質的義涵。

　　在討論Geburah時，筆者提過，它及Chesed可與其上方的Chokmah和Binah形成對角連線，並且也說明了它們之間存在的互動關係，所以

現在到達了下層的 Netzach 和 Hod，依結構圖仍然可參照之前的模式，將它們與 Chesed 和 Geburah 進行對角連線，其中 Geburah 和 Netzach 屬於遞進式的順生連接關係（關於兩者的討論可參閱 Geburah 的相關論述），而 Hod 和 Chesed 則屬於間接式的間隔連接關係（兩種關聯均涉及中位質點 Tiphareth 的能量影響）。

我們不難發現，當能量處於 Chesed 的狀態時，因為位處於高位，所以體現出的穩固形式仍尚未形化；而處於 Hod 時，依照前面所闡述的內容，該質點所體現出的形式結構更趨於細化，而兩者這種間接的互動關係，在《形成之書》中也被提及：「他沒有可以依附或休息的根源，除了在 Gedulah 的隱藏之處，從而於其自身的本質中散發出來。」這裡「Gedulah」一詞，在英譯文本附註中的解釋是 Chesed 的同義詞或別稱，而原文字句闡明的是 Hod 的相應特質顯化，是承接了源自陽性之柱中位 Chesed 的能量影響，而該質點的生成，也是源於其上方質點 Binah 的遞進流溢，所以三者關係同樣是形成陰性之柱一側間隔跨層次式的極性反射路徑。

據此，我們可以將三個質點進行銜接，而得到一個折角連線，當我們將其與陽面一側的對角線進行合併，便會形成一個中間為菱形的交互連線（可與第一章圖 E 的反射流動圖進行參看），依照先前對各個對角線的分析，我們能夠洞悉這種折射狀的結構，正是呈現出陰陽極性在不同層次的彼此運作中，必然存在的互根互立的依存關係；當能量處於陰性之柱最終質點 Hod 時，也反映出了能量於其上的極性運作關係已告完

結，由頂處開始，直至底部的具象形化狀態，最終會趨於平穩及圓滿，或許因為如此，所以文本的描述是「絕對或完美的智慧，因為它是原始的方式」。

在Hod的象徵中，對應於名字、短詩等具化形式的文字，這呈現出無形的思想（動能），是只有在被注入可形塑的字符（形體）的時候，才可顯現出它所要表達的深層含義。

Yesod（基礎 The Foundation）／
純粹的智慧

《形成之書》：第九條路徑稱為純粹的智慧，之所以如此稱呼，是因為它淨化了各編號，它證明並糾正了它們的象徵設計，並處理它們的統一性，使它們在沒有減少或分裂的情況下結合在一起。

象徵物：香氛、涼鞋
塔羅牌：小牌組四張9號牌

　　Yesod是生命之樹上第九個能量顯化點，同時它也是平衡中柱上最後一個調節點。

　　創造能量由Chokmah作為起始，呈現出陰陽兩極的交互運作模式，隨著勢能下降的線性順序，狀態逐步趨向形化，在達到Hod時，其能量已逐漸達到精細、緻密的狀態，而藉此最後散射至質點Yesod，在這裡，將由上面一系列的互動影響做最終的平衡調整，就像《形成之書》的文本所描述的：「是因為它淨化了各編號，它證明並糾正了它們的象徵設計。」文本中的「淨化」，指的就是使陰陽兩柱之極性維持在相對穩定的狀態，從而保持「沒有減少或分裂」，所以這在該質點結構圖中，其下方再也沒有分裂的陰陽極性出現了。而這要通過中柱的Yesod「證明糾

正」之工作來完成，其最終的目的，是為達到「處理它們的統一性，使它們在沒有減少或分裂的情況下結合在一起」。它雖然已處於生命之樹下方，但融合的性質類同於定點Kether在未萌發之前的寂然平衡狀態，所以先哲們將Yesod定義為「純粹的智慧」，該質點是生命之樹中最後一個融合，是協調之媒介點，於元素性質對應中，它被分配於風元素。

該質點在卡巴拉四世界的層級劃分中，Yeosd被歸類於「Yetzirath（形成世界）」，於低我區域中，它被對應於「Nephesh」（於《生命之樹卡巴拉》一書稱此部分為「乙太體」），這也關聯到分配於Yeosd的另一個重要名詞概念「乙太」。乙太這個名詞的定義較為晦澀，研究者們對它的釋義也幾近相同，如范樂天先生在期刊上登載的文章〈乙太：奇幻的第五元素〉所描述的：「它的英文寫作aether，據稱，該詞源乃源於古希臘單詞『$\alpha\theta\rho$（aith r）』，其詞義係指上層的純淨之氣，該名詞也是著名的古希臘哲學家亞里斯多德所提出的不同於普世四元素之外的獨立元素，即乙太是古希臘哲學家亞里斯多德設想出的一種『看不見、摸不著』的奇幻物質。它區別於『火、氣、水、土』四元素，被稱為『第五元素』……」。

又如《脈輪全書》[1]中的描述：「與第五脈輪連接的元素是『乙太』，梵文為『Akasha』（阿卡夏，意為『空』），也有人說是『精神』……大多

---

1. 《脈輪全書：意識之旅的地圖，生命之輪的指南》／艾諾蒂・朱迪斯（Anodea Judith, Ph.D.）著／2013年9月／積木文化出版

數形上學系統都假設宇宙有四個元素（土、水、火、風），但如果某個系統包含了五個元素，通常加進去的都是以太或精神，有些系統則稱為『空』。」

而關於乙太的性質在《祕法卡巴拉》原文書中的描述則為：「Yesod是那種特殊物質的領域，它具有心靈和物質的本質，根據所使用的術語，它被稱為智者阿卡西之乙太或星光」，這個闡述解釋了Yesod所對應的乙太部分，是兼顧了心智及物質這兩個層面，這裡提及到的心智，也囊括形成世界其餘各質點所組成的智識層面的影響；至於物質層面，筆者的觀點是——依照極性創造的線性下降順序來看，Kether是中柱在結構圖中所標識出的頂點，是構成宇宙的四大元素基本能量性質的隱藏點，Yesod隸屬中柱的基底，同時接收緣起於上方各質點的互動散射，當能量處於該質點的狀態時，也經歷了由高至低、由升至降的漸進式沉澱過程，到達此處時，還不能完全呈現出一個能夠觸及的物質狀態，但其表現形式已逐漸轉為具象，而這種形質狀態極為微細，我們無法輕易通過感官來直接感知及體察其存在。

另外，關於生命之樹所描述的，能量由上至下的散射流溢，直至衍化出原初物質單位這一遞進過程，在筆者看來也與現今科學界所描述的宇宙大爆炸所經歷的幾個時期，如「普朗克期、暴漲期、粒子期、熱平衡期、核時期、物質期」等有著異曲同工之處。所以，經由能量創生過程而趨於具化的細微結構單位，對應到Yesod所專屬的乙太，這個有別於物質顯化的獨特區域中，藉此也完成趨向至物質（行動）世界重要的

基礎顯化工作。此處因為筆者學識有限，尚不能對此部分內容以及該質點的對應象徵做出更多實質性的論述，也期待隨著未來的研究深入，可補充這部分的不足。

筆者在這個質點文字的初稿完成時，曾有一些思考，就是以質點的對應來簡述一下《聖經舊約－創世紀》中關於造物七天的深義，直至全書的文字定稿時，才將這個構想付諸於文字，雖然我並不是相關宗教信眾，也不是資深研究者，但幾經考慮還是決定將自己整理研究後的敘述放進來，供大家參考，說明如下：

造物過程是經由質點 Binah 的初級形限影響，直至處於生命之樹底層的 Yesod 時，完成了各質點能量之調和工作，於此也就奠定了趨向物質層面生成的銜接途徑，這一過程也包含了從 Binah 至 Yesod 的七個極性質點；而這也讓我想到了《舊約－創世紀》經文中所記載的，上主「七天造就萬物的神蹟」這部分的文字描述，我認為，這可以透過七質點的流變作用來進行大致的勾勒，依排列順序，分別對應如下：Binah-第一日、Chesed-第二日、Geburah-第三日、Tiphareth-第四日、Netzach-第五日、Hod-第六日、Yesod-第七日。

經文中，在闡述第一天至第六天時的文句末尾，均帶有「有晚上，有早晨」這樣一句結語，而這種對稱性的結構描述，應當是間接指向了運動的二元極性法則，且著重於優先交代「晚（陰）」，可說是在突顯以 Binah 這個象徵黑暗孕育的形限原初點及其所統攝的陰性勢能，是創造工作趨向物化的重要起始處。再由此一路向下，在到達質點 Hod 時，陰

陽兩柱的極性相互運作也宣告完成，所以經文直到第六天的描述，才是最後一次提到晚、早這對二元的時間概念，也正是到了這一天，上主對於萬物的創造已基本完畢。

但這裡一定不要忽略那重要的一點，就是造物工作是建立在二元法則中，而它時刻都不能離開與中柱神性的合一運作，少了這重要的一環，該工作還不能稱之為真正意義上的結束，所以相對於質點極性的互動模式，最終是以陰之形質作為運作結果，但這也必須在中柱最低質點Yesod對眾能量的校準查驗中才能趨於神性之合一，這或許可以對應經文中第七日之後的描述，即「神造物的工作已經完畢，就在第七日歇了他一切的工」；而這也就不難理解，雖然第六天的工作已經依照神的形象，進行了對於人的相應創造，但也是在第七日安息日之後的條文，才著重於描繪那最重要的合一工作，也就是對著本為塵土人的鼻孔中吹進了生氣（此可對應於中柱之神性本質），才使之成為了「有靈的活人（亞當）」。

這裡我們依照以上簡要的對照敘述不難發現，經文的文字記載或許正是間接表達了：「生命之樹結構中，能量從質點Bianh開始依次遞進運作，最終在神性的Yesod中趨向合一的極性互動過程。」若依照生命之樹本有的運作規則，當能量處於中柱之後，勢必會再趨向新一級的二元互動模式，但在通行的結構圖中卻未如此設計，而是以終極結晶Malkuth的物質形式作為創造終點，這裡筆者認為，先賢之所以這樣設計，或許主要是在表達，以中柱為基礎的陰陽極性法則，在其相互的

運化過程之下所趨向的,也必然是一個歸於中位且不易逾越的物質世界,Malkuth的呈現包含了三柱——水、風、火——性質上的平調,並且以物質(地)形式作為其標誌特徵,這也導致了它在生命之樹結構中是神性彰顯最為弱化的區域;相較於創造七天後的經文描述,指亞當吃下了禁果,從而被上主逐出了伊甸園,這即是因其轉念,遺失了他那至高同一的神性,因此在這之後,他只能在以二元法則所幻化出的物質(Malkuth)土地中,以勞作來贖其原罪。

Malkuth（王國 The Kingdom）／輝煌的智慧

《形成之書》：第十條路徑稱為輝煌的智慧，因為它被尊崇於所有人之上，並且坐在 Binah 的寶座上（第三條路徑的智慧），它使一切光明得以輝煌燦爛，並讓面容王子的影響力散發出來。

象徵物：立方體、十字架、雙立方體祭壇、三角形
塔羅牌：小牌組四張 10 號牌

　　Malkuth 是創造能量於生命之樹上的最後顯化點，也是造物工作的終極結晶。

　　在四世界的層級劃分中，是對應末端的「Asyiah」（物質或行動世界），而在人類的自我意識部分，它被對應於「Guph」（物質身體）；雖然該質點位於生命之樹結構的尾部，但它並非是單一純粹的個體，因為受上方中柱質點 Yesod 匯聚合併的性質影響，使得 Malkuth 收納了其上方的火（陽）、水（陰）、空氣（風）三大之柱的極性特質，而於此處四元素的性質也如同在 Kether 中一樣彼此平衡，但所不同的是，此處各元素均以不可相代的物理現象所呈現，又因為 Malkuth 是相較於 Kether 的最低位顯化，造物工作至此最終也趨向了粗重的物質結晶，而這一點便

反映出其土元素堅固沉滯的特性。

在生命之樹的結構分布中，該質點與Kether是位居於上下兩極的獨一存在，而Kether是神性領域的象徵，Malkuth則是物質領域的主宰，所以在《形成之書》中，該質點被定義為「輝煌的智慧」，並將其描述為「因為它被尊崇於所有人之上」。我認為，這種形容也應當是站在物質顯化這一層面上來看Malkuth，它猶如Kether一樣是至高的存在，蘊含了其上三條極性之柱及眾質點特質，而後面「並坐在Binah的寶座上（第三條路徑的智慧）」則是強調Binah是陰之極性的開始，是物質構成前的原始形式起點，而Malkuth是藉此衍化出的最終物質結晶，雖然兩個質點所顯現出的形式狀態全然不同，但是神聖的造物工作卻呈現出兩者在物質發生過程中必然存在的進化關係，所以筆者認為這也應當是四聖名字母的公式對應中，Binah和Malkuth均取用同一個字母「Heh」的原因。

在文本的末尾描述是：「它使一切光明得以輝煌燦爛，並讓面容王子的影響力散發出來。」Malkuth這一物質界「高點」的顯化，正揭示了生命之樹上眾質點極性的完美運作結果，根據結構圖由上至下看，當Kether那崇高的同一狀態被開啟時，就邁向了物質創生的必然過程，直至流溢到Malkuth，並被隱蔽於其中。反之，我們再由下至上看，當物質作為底層的獨一存在時，能量若要重拾Kether時的同一狀態，勢必要跨越形質之束縛，順延中柱，並傍及兩側的極性影響一路向上，才能夠觸及本源，以呈現原有的絕對神性，這樣一來，Malkuth或可謂是標誌

物質生成及回溯神性兩者的往復平衡點，依此來看，生命之樹展現的不僅是一種單向下降的創造軌跡，還包含了另一種反向的上升模式，從而構建出一個雙向流通的運作機制；而這中間銜接上下兩質點的關鍵，便是垂直的平衡中柱，藉由它的連接，兩點雖各自處在生命之樹的兩端，但都是「合一」的本質，且在各自狀態中完整的呈現，所以原文引出「面容王子」，也就是用 Kether 之大天使 Metatron 作為隱喻，來指示（放射）出這條溝通上主與物質世界的直線神性紐帶。

關於 Malkuth 的象徵，其中立方體和十字架同時也是質點 Tiphareth 的對應物，它是介於 Malkuth 與 Kether 的直線連接之間重要的樞紐，而兩者均可對應於均衡、結構、平穩等意涵，這也與 Maluth 的特質相類同。在卡巴拉一些研究著作中有提到，作為對應物三角形，也同樣包括於 Binah 之中，關於這個原因，我認為應當是因為三角線條可與高位區域的線性結構相對應，這同時也包括了該點所本有的陰性限制特徵，而 Malkuth 同樣對應三角形，這雷同的設定，筆者認為應是依據《形成之書》在論述該質點時提及的 Binah 那句話，從而凸顯物質世界的構成，及其原始基礎是起於 Binah 這一觀點。

這裡有關該質點「雙立方體祭壇」的對應象徵，筆者有如下觀點：

質點 Malkuth 是源自包括 Yesod 以上的眾點之平衡所呈現出的底層形質結果；創造工作「由上至下」是以 Chokmah 為首的陽性仁慈之柱，及以 Binah 為首的陰性嚴厲之柱兩者相互運作才得以形成，簡而言之，即歸根於陰陽的二元極性，而兩者的分化肇起於頂端的神聖質點

Kether，在其相互運作的過程中，也反映出相對的中性平衡影響，也就是生命之樹中柱上各質點，此處我們若將創生的模式以單純的陰陽，由分至合的循環狀態來表現的話，依據樹圖中各點的現有位置排列，應該以Kether為原始點，從而分化出Chokmah和Binah，接著再從中衍化出隱藏的中和點達斯，一樣經由此處作為次級起點，繼而分化出Chesed和Geburah，在這兩者之間，再又顯化出中和點Tiphareth，而後再由此分化出Netzach和Hod，從而於其中凝聚出位於物質世界之上的最後平衡中點Yesod，至此，陰陽極性由Kether至Yesod完成了三次分合的過程（如圖H）。

這裡若再將三柱的各極性質點進行縱向連接，便可得三次分合處的連線（如圖I），如此一來，在生命之樹的結構中便就形成了兩個完美的坐落於Malkuth之上的六面立方體，其中亦包含兩個交合的平面六邊形，兩層立方體亦可對應樹圖上下部分的陰陽和合。

根據以上陰陽離合的推論，得出的雙立方體是從另一角度反映出物質世界的顯化，是必須使各質點達到完美的和合，才可使之氤氳而生，所以，我認為此處Malkuth的象徵物對應中所取用的「雙立方體祭壇」，或者隱喻了這一神聖的創生原則。

一次分合

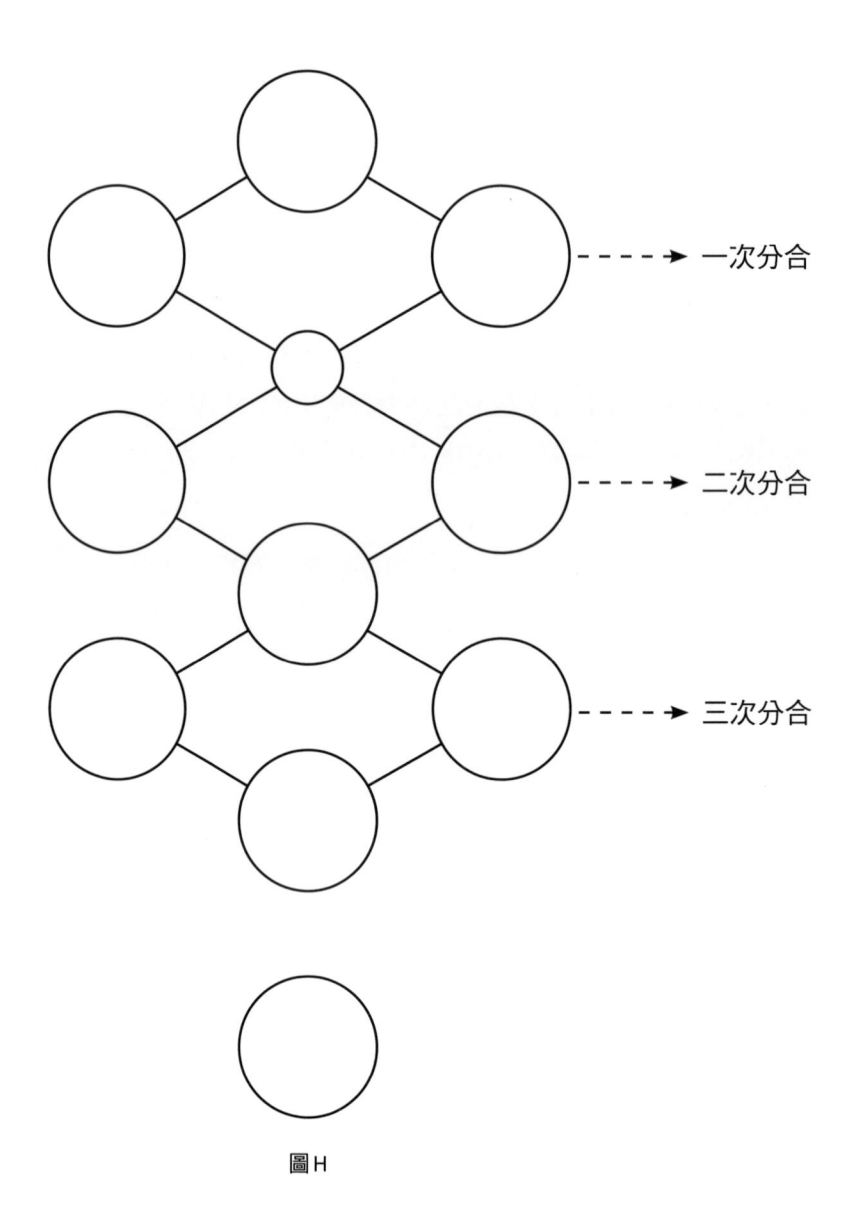

二次分合

三次分合

圖H

圖1

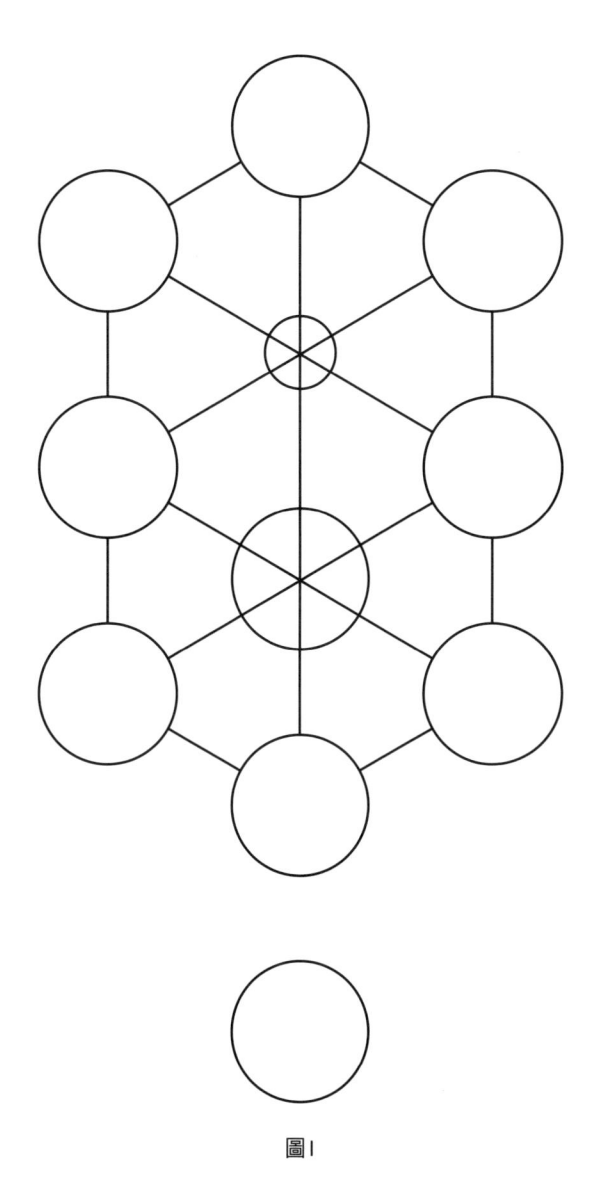

第3章

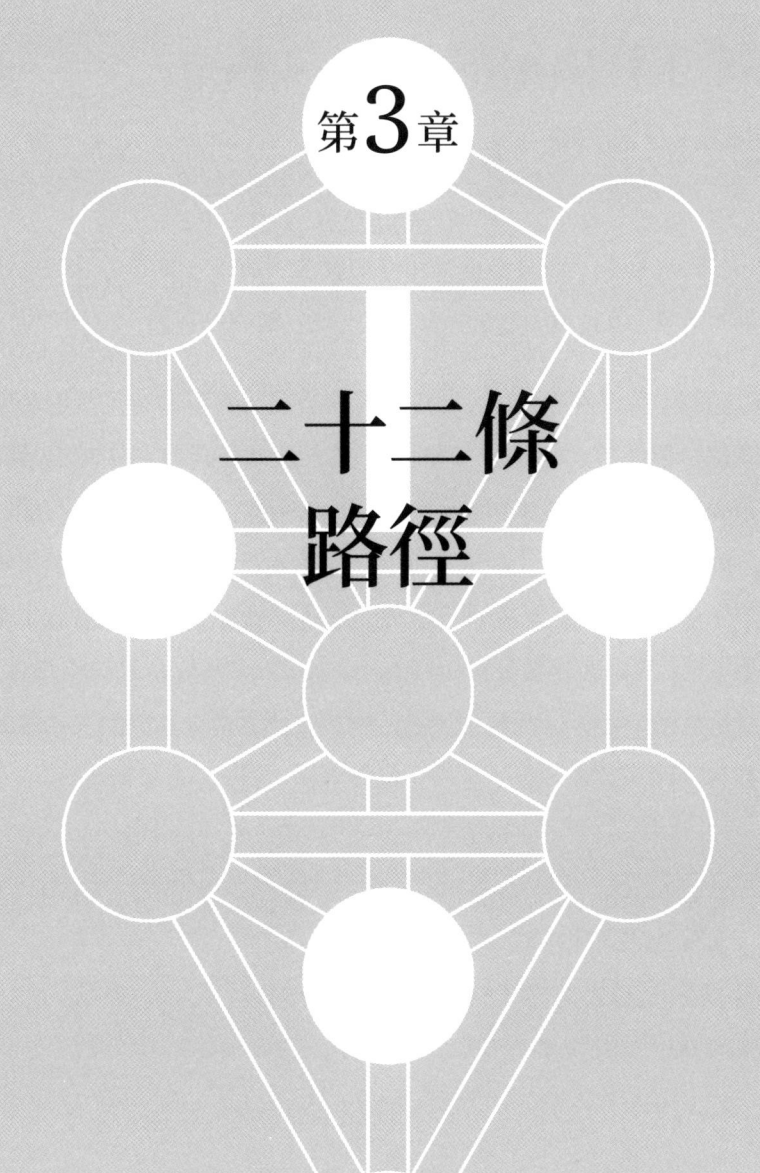

二十二條路徑

路徑 11 Kether-Chokmah
（閃耀的智慧）

《形成之書》：第十一條路徑稱為閃爍的智慧，因為它是靠近且傾向秩序之帷幕的本質，這是賦予它的特殊尊嚴，使它能夠站在因中之因的面前。

《光輝之書》：字母 Aleph[1] 留在原地，沒有上前。神聖的主，祂的名字是被讚頌的，便問道：「Aleph，Aleph，為什麼妳不像其它字母一樣到我面前來呢？」她回答說：「因為我看見其他字母從您面前離去，卻一無所獲，那麼我還能做到什麼呢？而且，既然您已經將如此崇高的榮譽，賜予了字母 Bet，那麼至高的君主，不應該將祂賜予僕人的恩惠，再轉授給他人。」於是主便對她說：「Aleph，Aleph，儘管我將以字母 Bet 作為創造世界的開端，但妳將依然是所有字母的首位，世間的一切計算和運作都將以妳為基礎，我的合一也唯有透過字母 Aleph 才能表達。」

字母：א Alef（閹牛）

祕傳學標題：乙太之靈

塔羅牌：愚人

---

1. 「Aleph」是另一個猶太名字「Alef」的變體，兩字通用，因而此處的引用仍依參考之原文書所選的字來安排，未予統一。

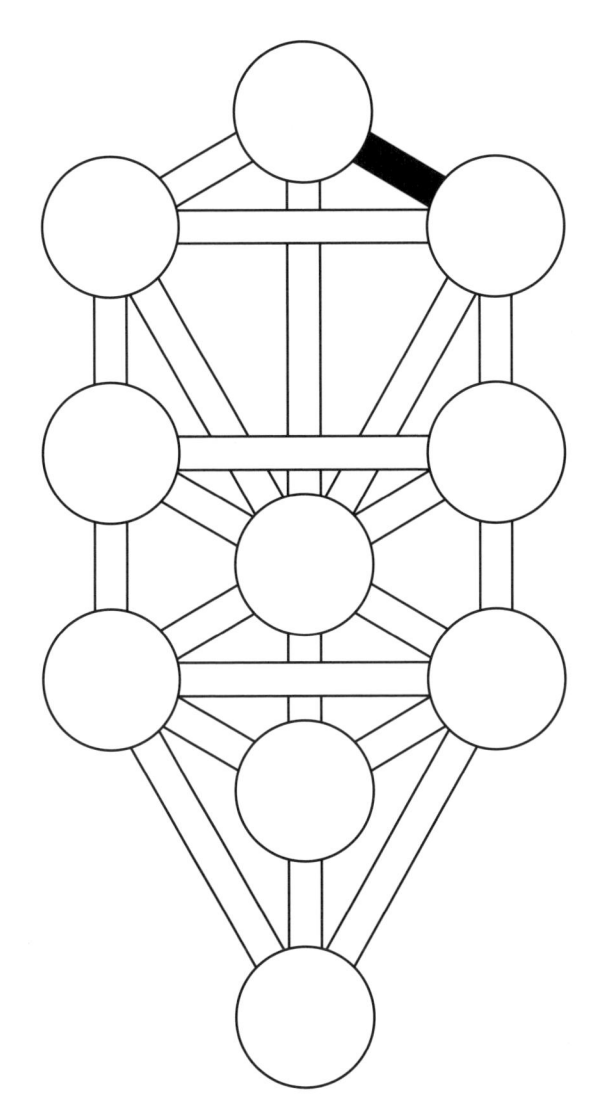

路徑 11 Kether–Chokmah（閃耀的智慧）

路徑11在生命之樹的質點對應中，被分配於質點Kether-Chokmah。
　　這個路徑的質點銜接正顯現了上主那榮耀的光輝，並且在原初的隱密合一狀態中顯化出來，它也標誌著創造工作中所顯化的不可形塑的動力面向，若引用《舊約—創世紀1：3》的經文來表達路徑11的狀態則是：「神說要有光，就有了光。」所以這條路徑在《形成之書》中被定義為「閃爍的智慧」，而文本之描述則為「因為它是靠近且傾向秩序之帷幕的本質」，這裡的本質當是指Kether，原文是以「秩序之帷幕」作為指向，我們在討論該質點提到過，它是眾質點顯化前的那個「因」，當創造工作啟動時，會依照陰陽的極性原則依次顯化，這也成就了Kether那至高的位階。當陽性的「第二榮耀」Chokmah於Kether之中釋放發動時，「原初榮耀」的神聖光輝即被顯化，此時它的陽性特質由同一狀態中分裂出來，以作為稍異於Kether的第一能量顯化，所以原文描述：「這是賦予它的特殊尊嚴，使它能夠站在因中之因的面前。」
　　在生命之樹的路徑結構中，每一條路徑都被分配到一個希伯來字母。在卡巴拉的創世系統中，這二十二個精妙的字母設計在其體系中，占有絕對重要的地位，如《形塑之書2：1和2：2》的條文是這樣說：「二十二個聲音和字母是萬物的基礎……祂用這二十二個字母塑造、衡量並組成了每一個靈魂，以及之後將要出現的一切事物的靈魂。」文中出現「靈魂」一詞兩次，筆者認為，前者應當是指每個字母所主宰的各自不同的意識能量，及其所對應衍化的元素性質；後者則是指，這些不同的字母能量在交替組合中所創造的一切不同之事物屬性。而分配給路

徑11的字母「Alef」，是被放置於二十二個字母之首，在《光輝之書》文本的描述中，它沒能作為創造世界的那個字母，但卻負擔著上主所囑咐的：「世間的一切計算和運作都將以你為基礎。」而這一性質正可反映路徑中Chokmah的發動，這一顯化是為了開啟宇宙基礎原動力的運作。原文中又稱「合一也唯有透過字母Aleph才能表達」，此處的「合一」正是路徑中那個平衡穩定的光輝質點Kether所反映出的神性本質，經由路徑的質點關聯，揭示那源自神聖光輝所發起的原初釋放過程，在字母的名義上也有著相應的體現。

正如筆者在《托特塔羅的多重宇宙》的卡巴拉註解中所提到的：「字母阿列夫（Alef），在《生命之樹卡巴拉》中譯為『閹牛』，但通常被翻譯為『牛』……在這兩種詮釋中都凸顯了一個相同的地方，廣義上的牛是生產、勞動這類創造性工作中重要的角色，但被閹割的牛則揭示了更深一層的核心意義，牠無法在僅有生理本能的萌動下完成交配目的，其具有的只是創造勢能的開始，但不衍生實質結果，這恰好與路徑11所表達的『陽性面的釋放』一致。」該字母在《形成之書》中也被列為三個母字母之一，是對應於創世三元素之中的風（空氣或空）。

在文本當中，對於風元素的闡述多集中在它協調、平衡、中和的性質，正如在該書「1：10」以及「2：1」的條文所闡述的：「它從聖靈中產生空氣……，從空氣中形成了水……，從水中形成了火……；水是沉默的，火是作響的，從聖靈而來的空氣就像平衡的舌頭，站在這些對立物之間，使這些對立物處於平衡狀態，在它們之間協調和解。」這裡條

文通過風元素這一媒介作用，使陰陽兩極（火、水）趨向穩定，從而達到間接反映路徑之中Kether那合一的神性，而有關該元素，筆者在討論質點Kether時已有過相應的解讀，讀者可對照參看。

「風」同時也是生命之樹中柱（平衡或意識之柱）的對應元素。在這根支柱的低端Yesod，正是乙太所處之領域，如同創造由合一的Kether作為起始，最終也是在中柱底部Yesod的平衡調節中趨向圓滿，此種上下對應的影射，筆者覺得這應當是先哲們為該路徑的標題命名為「乙太之靈」的緣由。

路徑 12 Kether-Binah（透明的智慧）

《形成之書》：第十二條路徑稱為透明的智慧，因為它是一種被稱作預言者的偉大物種，它被命名為那些看到幻象之人的願景發出地之稱謂。（那就是先知在異象中所做的預言）

《光輝之書》：隨後，字母 Bet 走上前說道：「噢，世界的主啊，若您允許，請讓我置於創造世界的首位吧，因為我象徵著您在上界和下界所接受的 Berakhoth（該詞為 benedictions，意為祝福）。」神聖的主，祂是被讚頌的，便對她說：「確實如此，我將以妳來創造世界，妳將成為創世的開端。」

字母：ב Bet（房子）
祕傳學標題：力量的魔法師
塔羅牌：魔法師

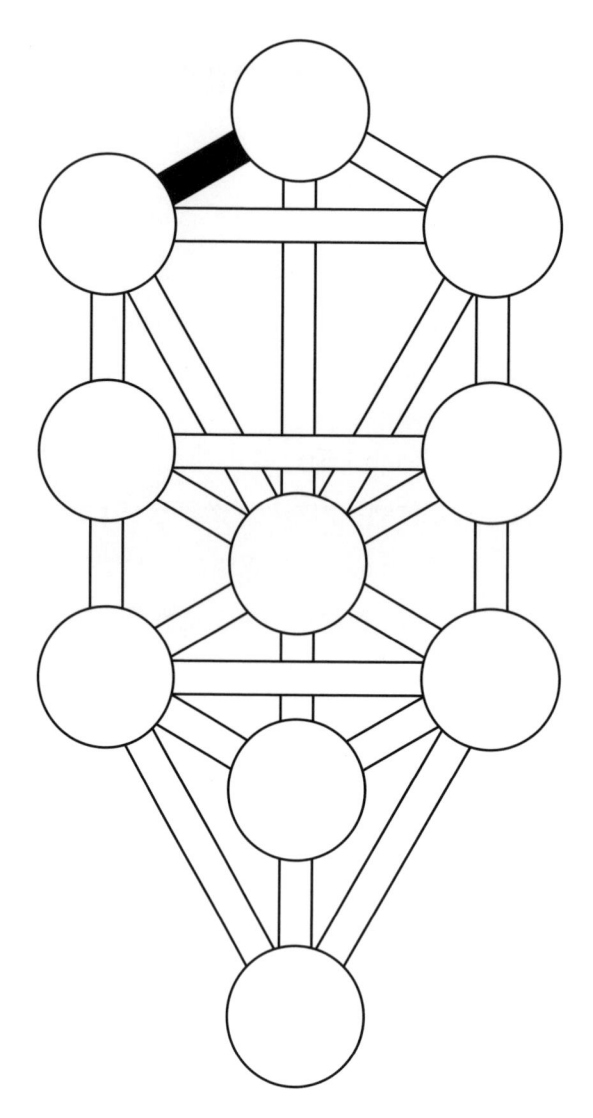

路徑 12 Kether–Binah（透明的智慧）

路徑12在生命之樹的質點對應中，被分配於質點Kether-Binah。在結構圖中，它處於路徑11的對側一面，該路徑所要呈現的是，在創造工作開啟後，能量必會逐漸向下趨向形化，前面在討論路徑11時提及過，它所呈現的是創造過程中那個重要的陽性機能，即動力的化現，但如果沒有一種形式去承載接收這股能量，我們是無法測度、感知它的，猶如一個拳擊手在比賽中所展現出的那強有力的揮拳過程，當他的拳頭握緊時，我們或許不能輕易透過感官來蠡測那一拳釋放的力度是多少，但是當這一拳擊打到一個實體時，我們可以通過那實體的結構變化，間接計算出那股無形力量的程度大小。所以在造物的創生模式中不能越過去的便是「物（形）」，因為僅有孤立的能量本身是不夠的，而是必須賦予一定的形式，使之得到相應的實質顯化。此處筆者認為，該路徑的祕傳學標題被命名為「力量的魔術師」，便很巧妙的反映了這個內涵。

在路徑12中，與Kether關聯的Binah是能量得以儲存、運作的形式母體，而這種形上的限定，更能夠讓無形的勢能得以被趨向確定化、清晰化，所以這也應該是該路徑被《形成之書》定義為「透明的智慧」的原因，該文本的描述是：「因為它是一種被稱作預言者的偉大物種，它被命名為那些看到幻象之人的願景發出地之稱謂。」此處的「偉大物種」據《生命之樹卡巴拉–西方神祕學的魔法根本》一書的詮釋是：「……『偉大』是葛杜拉的一個譯文，也就是荷塞德的別名……對於『偉大種族』，若我們以現代的解讀方式，將該詞置換為『荷塞德的面向』，在意義上並不會造成太大改變……。」雖然路徑本身並未含有對於Chesed的

第三章 —— 二十二條路徑

連接關係，但它卻是繼質點Bianh之後位於下層世界的顯化起點，也因為它受到源自超凡區域Binah的陰性影響，才使該質點擴展出後續邁入具化領域的創造運作，所以文本如此描述為：「它被命名為那些看到幻象之人的願景發出地。」但由於這段描述較為晦澀，此處只是個人分析觀點，僅供讀者參考。

　　分配於該路徑的希伯來字母Bet，意為房子。在日常生活中，它是關乎每一個個體至關重要的接收容器，是透過字母表徵含義所指向的這一實體封閉結構，也可說是間接反映於路徑之中，Kether所具有的神聖穩定的光能必要經由原初形限作用的陰性Binah之影響，才可謂是打開了趨向物質層面的創造通路，繼而確立了生命之樹聖凡兩界的不同創造區域。在《光輝之書》的文本中還提到：「因為我象徵著您在上界和下界所接受的Berakhoth（意為祝福）。」這裡的上界和下界或可類比聖樹之中的層級劃分，而無論是兩者中的哪一個，都要透過Bet所呈現出的限定形式「祝福」，也才能完成對高維度上主的奉獻，而這裡的「祝福」筆者認為，或可謂是字母性質內涵的一種間接表述，這裡讀者也可結合質點Binah的內容，進行參看。

路徑 13 Kether-Tiphareth（合一的智慧）

《形成之書》：第十三條路徑稱為合一的智慧，之所以如此稱呼，是因為它本身即是榮耀的本質，它是個體精神事物之真理的圓滿。

《光輝之書》：接著字母 Daleth 出現了，與此同時，字母 Gimel 也一並現身，並提出了類似的懇求。主則也以類似的話語回應說：「你們並排而立就已經足夠了，因為『貧窮之人永不會從這地上斷絕』〈申命記 15：11〉，因此總會有善意的需求。因為 Daleth 象徵著 Dalluth（該詞為 Poverty，意為貧窮），而 Gimel 則象徵著 Gemul（該詞為 beneficence，意為善行）所以不要分離開，就讓彼此之間相互維繫吧！」

字母：ג Gimel（駱駝）
祕傳學標題：銀星之公主
塔羅牌：女祭司

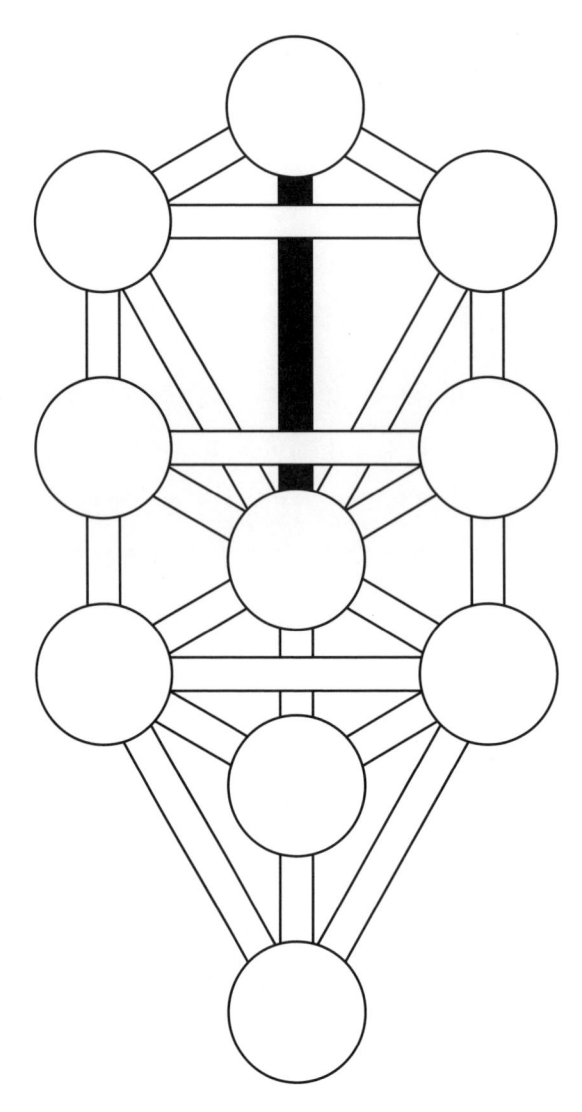

路徑 13 Kether–Tiphareth（合一的智慧）

路徑13在生命之樹的質點對應中，被分配於質點Kether-Tiphareth。

在生命之樹的路徑結構中，與Kether作為連接的道路共計三條，它們分別反映了三柱的能量顯化，其中路徑11與路徑12分別揭示了陽之極性所屬的動力面向，以及陰之極性所屬的形質面向，而現在所討論的路徑13，是Kether透過深淵連接位於生命之樹下方Tiphareth，以揭示那至臻合一的神性。位於頂端的Kether是一切未開始前那絕對平衡狀態的體現，但是隨著創造工作的啟動，二元極性的互動原則成為構建一切的基礎，此刻已悖離了純粹的本源狀態，若要再次觸及神性統一的平衡面向，必須建立在陰陽極性互動結合的基礎上才得以相應呈現，筆者認為這也應當是《形成之書》將其定義為「合一的智慧」的原因所在；所以文本中的「榮耀的本質」對應的便是Kether，所謂「它是個體精神事物之真理的圓滿」的「個體」，應當是指，藉由創造的極性互動模式所顯化的事物結晶，而「精神」則是對應著存在於個體形式中的Tiphareth，即相應的平穩狀態，此處Kether的神性本質也是透過該質點在深淵下層得到獨一的顯化，猶如黑夜中所能遙見的銀光星辰，而這也從該路徑的祕傳學標題「銀星之公主」中得到了相應的表達。

分配給路徑13的希伯來字母是Gimel，它的字面意思是駱駝，這個字母所寫畫出來的形態，頗似駱駝蹄趾的形狀，筆者認為這裡字母形體所展現出的由一及二的象形結構，是隱喻了路徑中由Kether化現至Tiphareth必然出現的且重要的陰陽交互運動過程。

在質點Chokmah和Binah開啟了相對運動的二元法則，而後便猶如

駱駝穿行沙漠一樣，由上層世界下降穿越深淵，並且由此激活下層世界逐漸具化的造物工作。字母Gimel在《光輝之書》中是和Daleth一同出現在上主面前，祈求願和主一起創造世界，但主卻以「『地上永不應終絕窮人』所以他們需要善心」，引出了兩個字母於兩個詞語中所代表的深意：「Daleth代表『貧窮』（Dalluth，即Poverty），且Gimel代表『善心』（Gimul，即beneficence）。」兩者不可分離。

　　若要洞悉《光輝之書》所闡述的內涵，就要結合經文的全文來進行相應的釋讀，其經文的開頭敘述稱：「在耶和華你神所賜你的地上，無論哪一座城裡，你弟兄中若有一個窮人，你不可忍著心，攥著手，不幫補你窮乏的弟兄。總要向他鬆開手，照他所缺的借給他，補他的不足……。」這裡我們以質點角度來進行相應解讀，「耶和華」則以同一穩定的Kether作為指代，而祂所賜予的地，或可指向其下的垂直映射Tiphareth，它同樣如前者一樣是完美至臻的。所以當這座城裡出現了一種極性的偏差缺陷，即貧窮；就要相對的出現另一種極性來迴向耶和華的圓滿，即經文中的施窮人以援手，即為善心，所以這裡貧窮的偏性便被該極性所拉平，而只要存在這個「二元」互動的循環過程，那同一的神性便會潛藏其中。

　　所以透過《光輝之書》的經文啟示，主開示了字母的內涵，並告誡使之相互融合，不可分離，這也正反映了Kether與Tiphareth所關聯中柱上的路徑13它那「結合的智性」的核心秘義。

路徑 14 Chokmah-Binah（啟示的智慧）

《形成之書》：第十四條路徑稱為啟示的智慧，因為正是這個閃耀的火焰，是神聖之隱匿，基本概念和準備階段之創始者。

《光輝之書》：接著字母 Daleth 出現了，與此同時，字母 Gimel 也一併現身，並提出了類似的懇求。主則也以類似的話語回應：「你們並排而立就已經足夠了，因為『貧窮之人永不會從這地上斷絕』〈申命記15：11〉，因此總會有善意的需求。因為 Daleth 象徵著 Dalluth（該詞為 Poverty，意為貧窮），而 Gimel 則象徵著 Gemul（該詞為 beneficence，意為善行）所以不要分離開來，就讓彼此之間相互維繫吧！」

字母：ד Dalet（門）
祕傳學標題：偉大者的女兒
塔羅牌：皇后

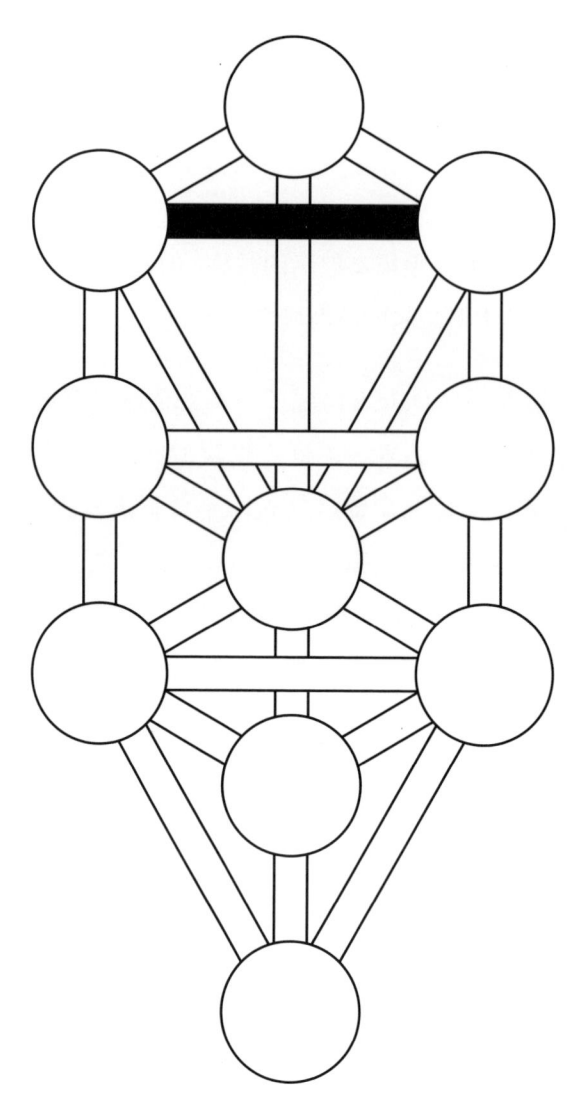

路徑 14 Chokmah–Binah（啟示的智慧）

路徑14在生命之樹的質點對應中，被分配於質點Chokmah-Binah。
　　這是在天界三角中唯一不關聯Kether的道路，也是生命之樹上第一條處於高位的陰陽極性之水平連接，而它的存在正是啟示出創世工作在告別Kether的同一神性之後，通過陰陽二元之極性互動關係所顯現的運作模式。該路徑在《形成之書》中，被定義為「啟示的智慧」，而其英譯文本內還出現了一個英譯希伯來單詞「Chashmal」，該詞在註釋中的意思是「閃爍的火焰」；而原文中還稱，它是「神聖之隱匿」以及「基本概念和準備階段的創始者」，那麼這個「閃爍的火焰」所要呈現的究竟是什麼呢？

　　根據文義，筆者認為，它應當是Chokmah（光耀的智慧）的一個形象描述。首先，「神聖之隱匿」當是對應於質點Kether，它並非存在於路徑14的關聯之中，而先哲們的闡述是，雖然它是純粹未顯化的光能，但是創造工作必須在此進行降維的發動才得以顯化，所以在路徑中的Chokmah，便是這個圓滿之光擴散的源頭。

　　就創造的層面來看，Chokmah同樣是Kether的獨一基礎，而文中的「基本概念和準備階段」，當是路徑之中Binah將能量進行初級形限影響的描述，而這之中的Chokmah也是造成Binah顯化的獨一動態能量，所以它也可同樣被看作是Binah的基礎；於是當我們疏通完文義再去理解「閃爍的火焰」一詞時，不難發現它應是側重在突出兩個質點關係當中，陽性的火之性能起點Chokmah（光耀的智慧），而這一描述也會讓我們對應到生命之樹上那柄創世的「火焰之劍」。所以，路徑14的智性

被名為「啟示」，我認為它所要表達的，應當也是兩個質點所共有的開創性特質，即在這對陰陽的極性關係中，Binah對能量所產生的原初形限作用，標定了造物工作實質性的開始，而作為啟始發動的Chokmah（光耀的智慧）更是圓滿的神聖能量被顯化為動力那重要的第一步，它也同時是造物過程中不可替代的重要能量基礎。

該路徑在希伯來字母之中被對應於Dalet，意為門，而這字面含義也形象的反映了該路徑的位置作用，質點Chokmah和Binah在生命之樹上建立起仁慈之柱和嚴厲之柱兩股陰陽（水、火）極性交互力量的管道，所以在兩柱之下的各質點，均是依這個互動模式與對側產生互動聯繫，進而完成生命之樹下層的創世工作。所以，路徑14可說是創造能量在進入下層顯化時，所要邁過的一道重要大門；相應的，路徑14雖然在造物工作中是非常重要的存在，但是相較於Kether那圓滿無礙的合一面向來說，Chokmah與Binah所呈現的交互運作之極性關係，也可說是一種不圓滿的存在狀態，依此論述，更可指明《光輝之書》文本中引用詞組「Dalluth」，便揭示字母Dalet所隱藏的「貧窮」（不圓滿）意涵，所以將其與字母Gimel相結合並使二者維繫不分，進而構成了回歸完美神性的一個途徑。

至高的Kether是合一神性的體現，其中顯現的Chokmah和Binah之陰陽互動模式則是低於它的一種二元存在關係，而路徑14作為構建宇宙世界的基礎法則如同女性般可衍化出無盡的事物，筆者認為或許是基於此因，該路徑的祕傳學標題才被賦予「偉大者的女兒」這一稱謂。

路徑 15 Chokmah–Tiphareth（構成的智慧）

《形成之書》：第十五條路徑稱為構成的智慧，之所以如此稱呼，是因為它構成了純粹黑暗中創造物的實質，人們已然在沉思中談到，這就是《聖經─約伯記38：9》當中所說的「幽暗」，即是「用幽暗當包裹它的布」。

《光輝之書》：Vau 走上前來，提出了她的請求，說道：「噢，世界之主啊，若您允許的話，請讓我作為創造世界的首位吧，因為我正是您名字之中的字母。」主對她說道：「Vau，妳連同字母 He，都是我名字中的字母，已然是我名字中的一部分了，均銘刻在了我名之中，因此，我不會將創造世界的首位賜予妳。」

字母：ה Heh（窗戶）
祕傳學標題：晨曦之子、強者之主的首領
塔羅牌：皇帝

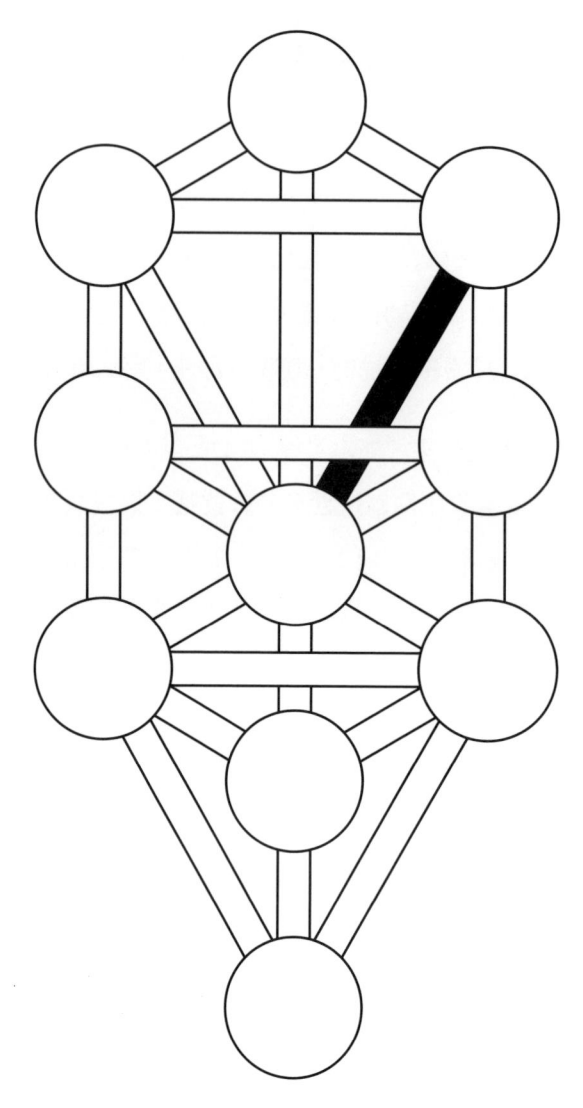

路徑 15 Chokmah–Tiphareth（構成的智慧）

路徑15在生命之樹的對應中，被分配於質點Chokmah–Tiphareth。該路徑在三柱的極性關係中反應了陽性與中性的連接互動，其中Chokmah的能量顯化起始處在Kether，而在路徑11中，Chokmah動態的陽性能量激活了Kether中同一的能量狀態。

在路徑15中，這種神聖的關聯被帶到了下層世界（即Tiphareth），作為在下層世界相對神性的Tiphareth呈現時，那不可或缺的原初陽性勢能。在《形成之書》的文本中，該路徑被定義為「構成的智慧」，而這個稱謂是以一種間接的方式來進行闡述，如接下來的文句：「是因為它構成了純粹黑暗中創造物的實質。」我們知道，生命之樹所顯示的造物工作，最終結果是「物」的顯化，而完成這一過程所依據的便是二元極性法則，但是構成物質所需要的高位限制影響，是緣起於從天界三角的Binah，而該質點又有「黑暗不孕之母」的稱謂，所以文本中的「黑暗」，以及所引錄的經文[2]「用幽暗當包裹它的布」，當是指Binah，而在往復無端的陰陽極性互動過程中，陽性的能量在其中必然是運作的動態基礎，因為該極性是上主那神聖光輝獨一的展現，而路徑15中也僅是出現標誌陽性釋放的Chokmah，所以原文的描述正反映了構成所創造之物質或實質的那個根本，是源於Chokmah所顯化的陽性機能，這也

---

2. 《舊約－約伯記38：8-12》：「海水衝出，如出胎胞，那時誰將他關閉呢。是我用雲彩當海的衣服，用幽暗當包裹他的布，為他定界限，又安門和閂，說你只可到這裡，不可越過，你狂傲的浪要到此止住。」

或可從路徑的祕傳學標題「強者之主的首領」中得到一定的體現；而其所關聯的Tiphareth那相對平衡及和諧的呈現，仍可上溯至Chokmah和Binah所顯化的原初極性之關係，所以作為神性在下方的相對體現，如同創造工作呈現之初一樣，身為光明智性的Chokmah，也必是構成質點Tiphareth的「光」之源泉。

分配給路徑15的希伯來字母是Heh，意為窗戶，其實這個字母所要表達的含義可以說是反映了路徑15的文本內涵，而Chokmah-Tiphareth各別位屬不同的世界層級，兩者之間以深淵作為分界，Chokmah的陽性能量若要穿越深淵，進入下層完成神性的顯化，就必須透過Binah的形限影響，而後進行向下的投射，它這一性質也猶如窗戶那樣，有效的建立了光與內外世界的連接，所以在四聖名字母的結構中，將Heh對應於Binah，來作為Yod那光的能量放射之後重要的接受及組織之處，從而完成其最終物質（Heh）的顯現。

該路徑的祕傳學標題「晨曦之子」，筆者認為，這個稱謂是形象的描繪出兩個質點的連接關係，這裡Chokmah即是那起始的創世之光，它展現了上主神聖的榮耀，猶如黎明時的晨光，而在它沐浴下的相對世界中，進而化現了那超凡的「聖子（Tipahreth）」。

路徑 16 Chokmah-Chesed（勝利或永恆的智慧）

《形成之書》：第十六條路徑稱為勝利或永恆的智慧，之所以如此稱呼，是因為它是榮耀之愉悅，除此之外，沒有其它榮耀可以與它相比，它也被稱為是，為正義者準備的天堂。

《光輝之書》：Vau 走上前來，提出了她的請求，說道：「噢，世界之主啊，若您允許的話，請讓我作為創造世界的首位吧，因為我正是您名字之中的字母。」主對她說道：「Vau，妳連同字母 He，都是我名字中的字母，已然是我名字中的一部分了，均銘刻在我名之中，因此，我不會將創造世界的首位賜予你。」

字母：ו Vau（釘子或木釘）
祕傳學標題：永恆的魔法師
塔羅牌：教皇

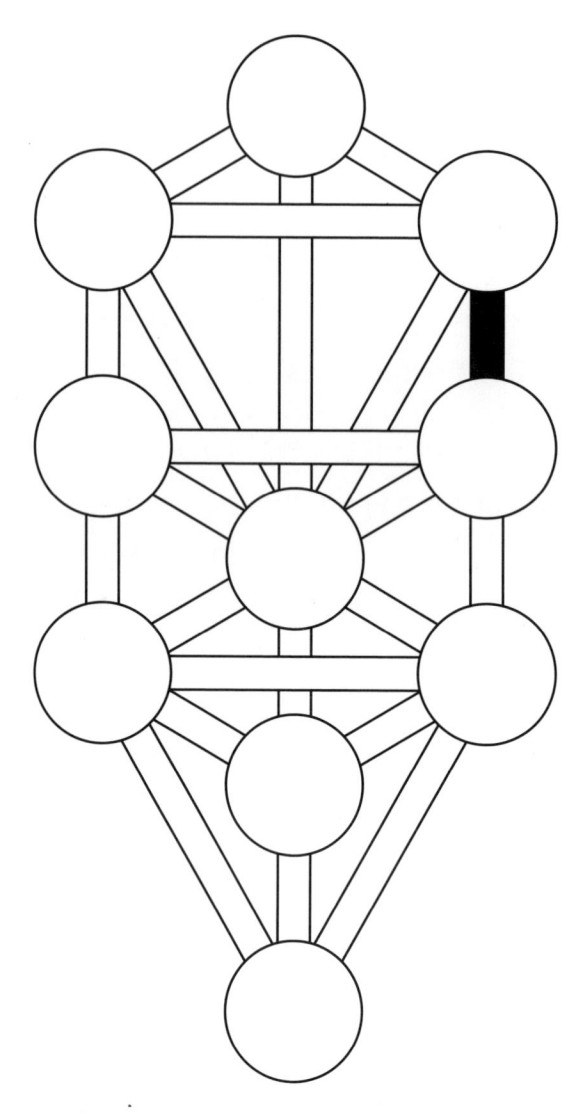

路徑 16 Chokmah–Chesed（勝利或永恆的智慧）

路徑16在生命之樹的對應中，被分配於質點Chokmah-Chesed，位於陽性的仁慈之柱一側。

路徑16關聯的兩個質點都對應著不同的開端，Chokmah是於Kether之中所顯化的那最原初的能量或第一動力，它標誌著創造工作的啟動，而其活躍力量經由陰性Binah的原初限制影響（透過達斯），散射於深淵下方，而後演化出位於陽性之柱一側的Chesed，其穩健的特質可使創造能量有效的固存於其中，並將造物工作有規則的進行擴展，成為位於下層形成世界的起點。

路徑16在《形成之書》中被定義為「勝利或永恆的智慧」，被描述為「是因為它是榮耀之愉悅」，而筆者認為這裡所稱的「永恆」，當是指堅固平穩的同一狀態，而「榮耀」一詞指的是Kether，因為它是被稱作「原初榮耀」的那個純粹獨一的存在，所以文中稱「除此之外，沒有其它榮耀可以與它相比」，這裡若透過路徑質點的關聯來詮釋，即兩者揭示了至高的上主若要表達其永恆的神性，必定藉由通過陽性機能（Chokmah-Chesed）兩個不同層級起始點，來啟動神聖的造物工作，且使之得以顯化，這在原文中也被稱作是「它也被稱為是，為正義者準備的天堂」[3]，而這完美的運作驅動，於文本中則是以主的「愉悅」來表現，這也契合了《聖經―詩篇104：13》所描述的：「願耶和華的榮耀存到永

---

3. 文本中提到的正義者，我覺得當是一種宗教性的描述，有關其深意，因筆者學識有限，不便做過多闡釋，僅淺顯理解認為，或可謂是趨向圓滿神性的一類人或狀態。

遠，願耶和華喜悅自己所造的。」透過文本的精闢描述，路徑16被定義為「永恆的智性」或更為貼切了。而該路徑的祕傳學標題「永恆的魔術師」或也寓意於此，我們在討論質點Chesed時已經提到，其特質因為受到陰性之柱頂點Binah的影響（詳見該質點論述），可使活躍的陽性機能得以有序而穩固的推進，而這種「穩」的意向在與該路徑的對應字母中有比較深化的體現。

分配於路徑16的希伯來字母為Vau，意為釘子，而它也是日常生活中最常使用的加固工具，釘子可通過其錨定的作用所呈現的那種穩定狀態，也間接反映出那同一的神性對於陰陽極性關係的穩固協調的特質。在生命之樹上，唯有平衡中柱，才是合一穩定形式最直接的象徵，所以字母Vau的形義內涵恰好使它同樣被放置於四字聖名的排列之中，並將之分到神聖的平衡中柱之上（對應到質點Tiphareth）；與字母Yod和Heh合力成為上主名字的一部分，關於這個聖名的字母組合，若僅就性質歸屬的劃分來看，這三個字母Yod、Heh、Vau表現了創世工作開啟後三柱的極性力量關係，而它們彼此之間這種聯動運作，正排序出造物的神聖過程，繼而成就了那不可言喻的聖名，也就是，無論最終Yod與Heh的對峙角力如何，必定要在趨向Vau所位列的中柱之平衡狀態中回歸同一，這裡筆者認為，上主聖名的核心若用一句話來表達，即是「迴向合一的神性」。

回看路徑的兩個質點Chokmah–Chesed，雖然因為創造工作，它們被分別標定在上下兩個不同的世界層級，但兩者同為那陽性之柱一側的

能量顯化，其相互的關聯也猶如一個錨定在下層的形成世界以及上層創造世界之間的一個木釘，從而也形成了路徑16那條介於深淵之間注入陽性機能的穩固創造通路。

路徑 17 Binah-Tiphareth
（處置的智慧）

《形成之書》：第十七條路徑稱為處置的智慧，它為正義者提供信心，它們由此披上聖靈，被稱為是高級事物狀態的卓越基礎。

《光輝之書》：接著，Zayin站了出來，提出了她的主張並說道：「噢，世界之主啊，願您可以將我置於創造世界的首位，因為我象徵著對於安息日的紀念，正如經上所寫的：要紀念（該詞文本作Zakhor，英譯作Remember，意為記念）安息日，守為聖日〈出埃及記20：8〉。」主便回答說：「我不會通過妳來創造世界，因為妳象徵著戰爭，形狀像一把尖銳的劍或長矛。」於是，Zayin立刻在祂的面前離開了。

字母：ז Zayin（劍）
祕傳學標題：聲音之子、眾神的神諭
塔羅牌：戀人

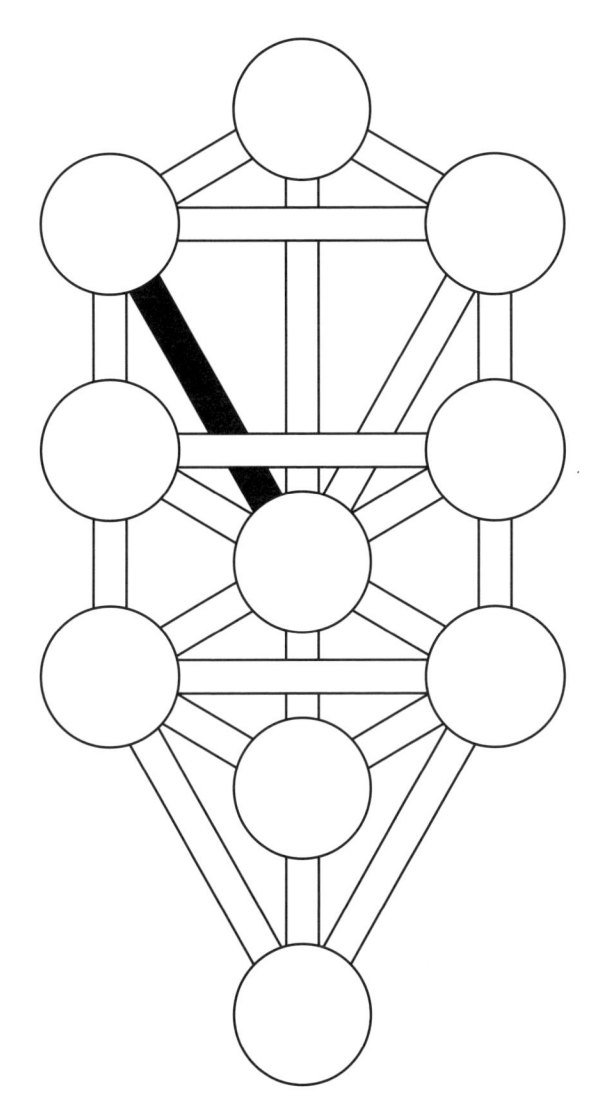

路徑17 Binah–Tiphareth（處置的智慧）

路徑17在生命之樹的對應中，被分配於質點Binah-Tiphareth。

　　路徑17在三柱的極性關係中反應的是陰性與中柱的連接互動，我們在路徑15中提過，依二元性的運作原則，陽性勢能的釋放是運動過程起始的第一步，而在路徑17中則揭示了陰性Binah接受面向的顯化，因為必定要有它的出現，才可使陰陽互立的關係完成對稱連接，藉由這一關聯，創造工作穿越了深淵，在下層維度的世界中循環著此一模式，並成為孕育出那即時的神性平衡質點Tiphareth，其位於上層的原初陰性勢能。

　　在《形成之書》中，該路徑被定義為「處置的智慧」，或可說是指向能量散射至Binah之後，所要接受的原初形限處置這一深意。在文本中指稱「它為正義者提供信心」，這一句正呼應了質點Binah在文本中的描述：「它也被稱為『信心之締造者』。」讀者也可以結合質點Binah的文字內容，進行參看。而經由Chokmah所化現源自Kether的神聖之光，繼而通過Binah的吸收、接受之後，以待向下趨形。至此，極性的創生模式於聖光之中誕生，並在後續的陰陽循環互動關係中（Chesed-Geburah），以Tiphareth的神性平衡特質給予顯化，筆者認為，這或許是間接反映出了文本所述的「他們由此披上聖靈」所隱喻的意涵。

　　而該路徑包含高位的質點Binah，它是由頂部所起始的創造工作之中，那重要的高位形限基礎點，由此才可使極性運作向下逐漸趨向物化，筆者認為這或許可指向文本中「被稱為是高級事物狀態的卓越基礎」所暗含的深意，然此段文義描述較為晦澀，因而釋義僅供參考。

分配給該路徑的希伯來字母為 Zayin，意為劍，它書寫的形體猶如一把劍峰向下的寶劍，而它的現實事物特徵是擁有著雙刃與雙面。這當中其實也是暗藏著兩層意義：一層是「一分為二」的面向，即一把劍中存在著兩面（邊），它指向同一的神性中顯化出以 Chokmah 及 Binah 為主的二元極性關係，而兩者的模式也催化出生死、矛盾、進退等諸多相對循環，這也背離了原初的合一狀態，這意涵也間接對應《光輝之書》原文所提到的：「我不會通過妳來創造世界，因為妳象徵著戰爭，形狀像一把尖銳的劍或長矛。」而戰爭一詞也是趨向了死亡、分離的現實表現，這也正影射了路徑之中 Binah 所展現出的限制、束縛、困境等含義；另一層字母所要表達的深義是「合二為一」的面向，這關聯到《聖經》中出現的神聖十誡之一的「安息日」，即《光輝之書》文本中的這段：「要紀念安息日，守為聖日〈出埃及記20：8〉。」

　　所謂的「合二為一」，筆者認為，當是指陰陽的二元極性能量在遊走於相互對稱之柱的過程中，必會在中柱的平衡作用下進行相對的即時整合及調停，以使能量的運作不離神性的同一狀態，此可對應到路徑質點 Tiphareth；而安息日的定義可見於《舊約─創世界2：1-4》：「天地萬物都造齊了到第七日。神造物的工已經完畢，就在第七日歇了祂一切的工，安息了。神賜福給第七日，定為聖日，因為在這日，神歇了祂一切創造的工，就安息了。」上主的創造能量在路徑17的質點關聯中得以被賦予相應的形式並為之呈現，猶如無形的思想透過聲音的塑造才得以彰顯及接納，而這也應當是該路徑的祕傳學標題「聲音之子」或「眾神的神諭」所要傳遞出的深義。

路徑 18 Binah-Geburah（影響力之所的智慧）

《形成之書》：第十八條路徑稱為影響力之所的智慧（由於其豐盈的偉大，好的事物湧入受造物也隨之增加），從調查的過程中，奧祕和隱藏之感受被牽引出來，它們居住在它的陰影中，並依附於它，來自於一切因中的根因。

《光輝之書》：字母 Teth 走上前來，說道：「噢，宇宙的主啊，願您讓我在創造世界中居於首位，因為通過我，您被稱為 Tob（該詞為 Good，意為良善）和正直。」主便對她說：「我不會通過妳來創造世界，因為妳所代表的良善，是隱藏和收斂的，正如經上所寫的那樣：『你為敬畏你的人所積存的美善是何等豐盛。〈詩篇 31：20〉』。既然妳的美善隱藏在自己之中，它便與我要創造的這個世界無關，而是屬於未來的世界。此外，正因為妳的良善隱藏在妳之中，聖殿的大門才會沉入地下，正如經上所寫的那樣：『她的大門沉入地下。〈哀歌 2：9〉』（此處 Sunk 沉沒一詞，原文作 Tabe'u）再者，字母 Heth 就在妳身旁。當你們相連時，就形成了 Het（該詞為 sin，意為罪）。」（因此，這兩個字母沒有出現在任何一個支派的名字中。）於是，她便立即離開了。

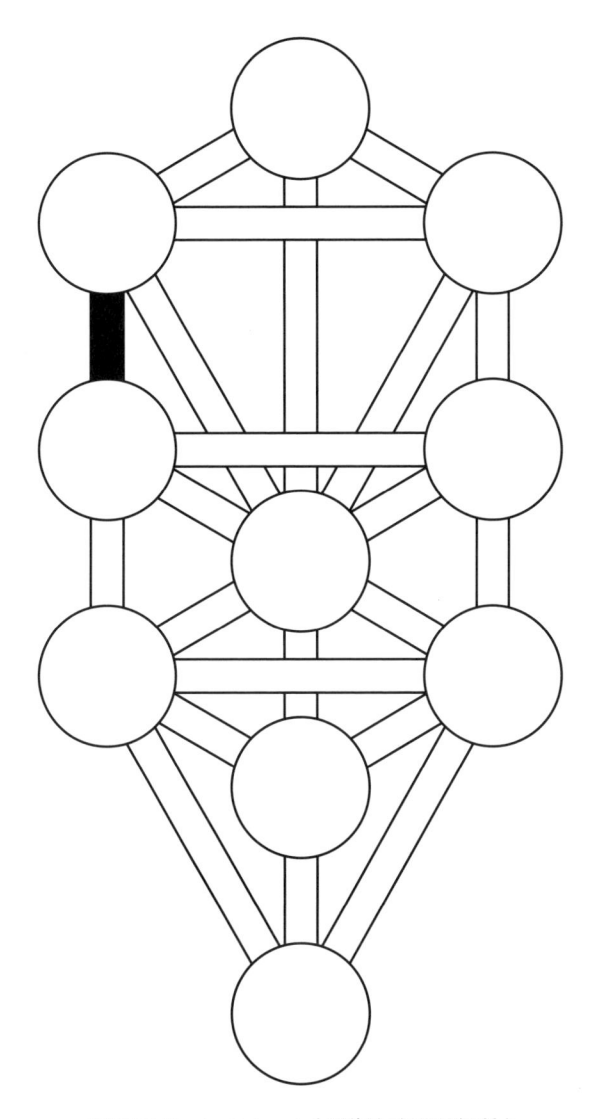

路徑 18 Binah-Geburah（影響力之所的智慧）

第三章 —— 二十二條路徑　101

字母：ח Heth（圍籬）
祕傳學標題：水域力量之子、光之凱旋之主
塔羅牌：戰車

　　路徑18在生命之樹的對應中，被分配於質點Binah–Geburah。

　　路徑18是相對於Vau路徑的純陰性質點連接，所以其自身在嚴厲之柱的勢能影響下，呈現出以Bianh為主的接受、限制、界定等陰性的特質，而該路徑又為跨越深淵的顯化，這種極性的特質，會隨著維度的下降得到相應的具化，此以路徑的另一個極變質點Geburah作為體現，它將本為被動性的陰性之柱的極性勢能，以激盪的動態極變反應彰顯出來，這猶如水在一定範圍中被蓄積至極點所爆發出的兇猛的傾瀉狀態，所以該路徑的祕傳學標題「水域力量之子」，也是很形象的揭示出這一路徑的相應特質，而該路徑在《形成之書》中被定義為「影響力之所的智慧」，這一稱謂間接指向了該路徑兩個陰性質點所關聯出的極性影響。

　　而文本中又稱：「由於其豐盈的偉大，好的事物湧入受造物也隨之增加。」這裡所謂「好的事物」，筆者認為應當是指造物過程中重要的陽性機能，亦如《聖經—創世紀1：4》中所記載的描述，即「神看光是好的」，而該句所要揭示的，應當是路徑所呈現出的，因於陽之極性一側相應的能量，隨著創造下降，從而進入該路徑所構成的陰性區域內，並且將之賦予中高位的陰性形限影響，繼而在能量趨向細而多的具化過程

中，顯現於底層的物質個體之中。

　　文本繼而描述:「從調查的過程中，奧祕和隱藏之感受被牽引出來，它們居住在它的陰影中並依附於它，來自於一切因中的根因。」這一段相對隱晦難懂，但根據各類名詞的提示，大致可以推斷，這所謂的「奧祕」及「隱藏之感受」，當是依附於「一切因中的根因」的 Kether 之中，但高位那不可言喻的光之能量，必經由 Binah（理解）一側的陰性之柱進行相應的形限干預，才可促生創造工作的完成，所以該描述或可謂是指向聖光之源的 Kether，以及於其中分離出的以 Binah 為統領的陰之極性，這兩者間的相應關係。而該路徑的祕傳學標題「光之凱旋之主」也可與該意涵相呼應。

　　分配於該路徑的希伯來字母為 Heth，寓意圍籬，在現實生活經驗中，它可以是圍護於房物或動物之外的防禦性工具，也同時可類比於包裹在生物體所謂「生命」之外的機體保護結構（皮膚、肌肉、骨骼）。所以該字母之名又引出防護、抵禦等正面性意涵。但是透過路徑18的質點特性，我們仍可窺見字母所內含的負面意義，Heth（圍籬）所催生出的包圍性機制，都是基於陰性能量的影響，因為「包圍」機制，也意味著它同時包含了束縛、界限、範圍等限制性的趨向，而這也正是它所對應的路徑中質點 Binah 的陰性特質，而藉由它所生起的限制影響，最終必會面臨由此展現出 Geburah 所對應的破壞、崩解、離散的混亂之陰性狀態，所以在《光輝之書》中，通過拼寫出「罪惡」一詞，來指向該字母所具備的陰性消極本質。

路徑 19 Chesed-Geburah
（靈性存在一切活動的智慧）

《形成之書》：第十九條路徑稱為靈性存在一切活動的智慧，之所以如此稱呼，是因為它從最高的祝福和最崇高的榮耀中散發出財富。

《光輝之書》：字母 Teth 走上前來，說道：「噢，宇宙的主啊，願您讓我在創造世界中居於首位，因為通過我，您被稱為 Tob（該詞為 Good，意為良善和正直）。」主便對她說：「我不會通過妳來創造世界，因為妳所代表的良善，是隱藏和收斂的，正如經上所寫的那樣：『你為敬畏你的人所積存的美善是何等豐盛。〈詩篇 31：20〉』」既然妳的美善隱藏在自己之中，它便與我要創造的這個世界無關，而是屬於未來的世界。

此外，正因為妳的良善隱藏在妳之中，聖殿的大門才會沉入地下，正如經上所寫的那樣：『她的大門沉入地下。〈哀歌 2：9〉』再者，字母 Heth 就在妳身旁。當你們相連時，就形成了 Het（該詞為 sin，意為罪）。」（因此，這兩個字母沒有出現在任何一個支派的名字中。）於是，她便立即離開了。

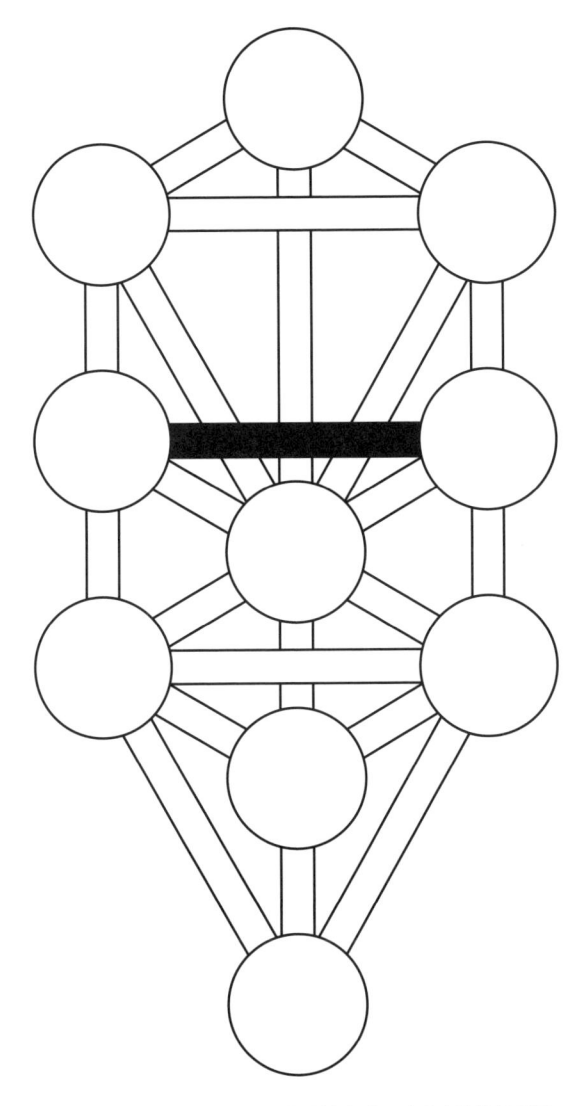

路徑 19 Chesed–Geburah（靈性存在一切活動的智慧）

字母： ט Teth（蛇）
祕傳學標題： 火焰之劍的女兒
塔羅牌： 力量

　　路徑19在生命之樹的對應中，被分配於質點Chesed-Geburah。

　　路徑19是位於深淵之下的第一條水平連接，可謂是繼作為極性創造父母的Chokmah-Binah這一閃電下降（火焰之劍）的起始對稱關係之後，再次衍化出的下位極性互動模式。而路徑的祕傳學標題「火焰之劍的女兒」也可謂與此關係相呼應，但它不同於高位路徑13時Chokmah-Binah所構建的原初純粹的極性關係，路徑19的兩個質點，各自分別顯化出對立極性的能量特質（可參見各質點的描述），並表現出由穩定趨向瓦解的遞進關係，雖然Chesed與Geburah各自均可體現出鮮明的極性特質，但是它們又相互依存並立，猶如手掌的兩面不可分割，這體現出的正是陰陽互動皆源自造物主合一的神性，所以《形成之書》對於該路徑給了「靈性存在一切活動的智慧」的定義。這裡的「一切活動」便是指陰陽構成的二元運作系統，創造工作將一轉化為二，藉由那永恆的光所衍化的創造能量，始終貫穿陰陽兩股勢力之中，並在其交互的即時平衡狀態中，予以彰顯至高的同一神性，這應當就是文本中描述的：「是因為它從最高的祝福和最崇高的榮耀中散發出財富。」雖然路徑所涉及的兩個質點，文本沒有給出較多的描述，但我們仍然可以透過該路徑所對應之字母，去揭示Chesed與Geburah所構建出的極性銜接關係。

分配給該路徑的希伯來字母 Teth，意為蛇，在《聖經》中，它蠱惑夏娃吃了善惡樹上的果實，它被習慣性的認為其為邪物，但是在伊甸園中設置善惡樹的並非是蛇而是上主，且言不可以將之孤立，因為園中還有更崇高的生命之樹，此處筆者認為，這個處理應當是主揭示存在於同一狀態之中的陰陽極性特質，是祂創造了一切事物，所以經文中，主對生命之樹隻字不提，卻著重在善惡樹的描述上。主不讓亞當去觸碰善惡樹的果實，正表明了極性運動的過程是不穩定且不可控的，若是只聚焦這兩者，就容易因其各自的偏性而背離神性的本質，從而在彼此相互的交替模式中循環著生死，所以經文稱：「只是分別善惡樹上的果子你不可吃，因為你吃的日子必會死。」於是，蛇的出現恰恰是將夏娃（及亞當）從合一的平衡狀態，引入陰陽二元關係的創造模式上，使之不再留存於神性之中。

　　從這字母所對應的路徑中，兩個極性質點的關聯便展現出來，其中 Chesed 位屬於陽性之柱一側，它繼承了由 Chokmah 而來的高位創造能量，且因為受陰性之柱及所處位階的影響，以相對穩固的狀態將之構建保護起來，其涵意或可與《光輝之書》中所描述的相呼應：「因為通過我，您被稱為 Tob（意為良善）和正直。」又因為該字母隱含良善的性質，會涉及未來世界之創造（該段文本涉及到對於字母在經文中較深層的意涵，由於筆者學識有限，故此處不做過多闡述），以及在與相臨的字母 Heth 相並時，便得負面單詞「罪」，這也使上主最終沒有選擇 Teth 作為創造的首字母。

路徑 20 Chesed-Tiphareth（意志的智慧）

《形成之書》：第二十條路徑稱為意志的智慧，之所以如此稱呼，是因為它是所有及每個被造物的準備手段，並且透過這種智慧，原始智慧的存在變得眾所周知。

《光輝之書》：字母 Yod 隨即走上前來，說道：「噢，世界的主啊，願您賜我在創造世界中的首位，因為我在聖名中居於第一。」主便對她說道：「對妳來說，銘刻在我之中，並成為我意志的通道就已經足夠了，妳不應該從我的名字中被移除。」

字母：י Yod（拳頭）
祕傳學標題：力量之聲的魔法師、永恆的先知
塔羅牌：隱士

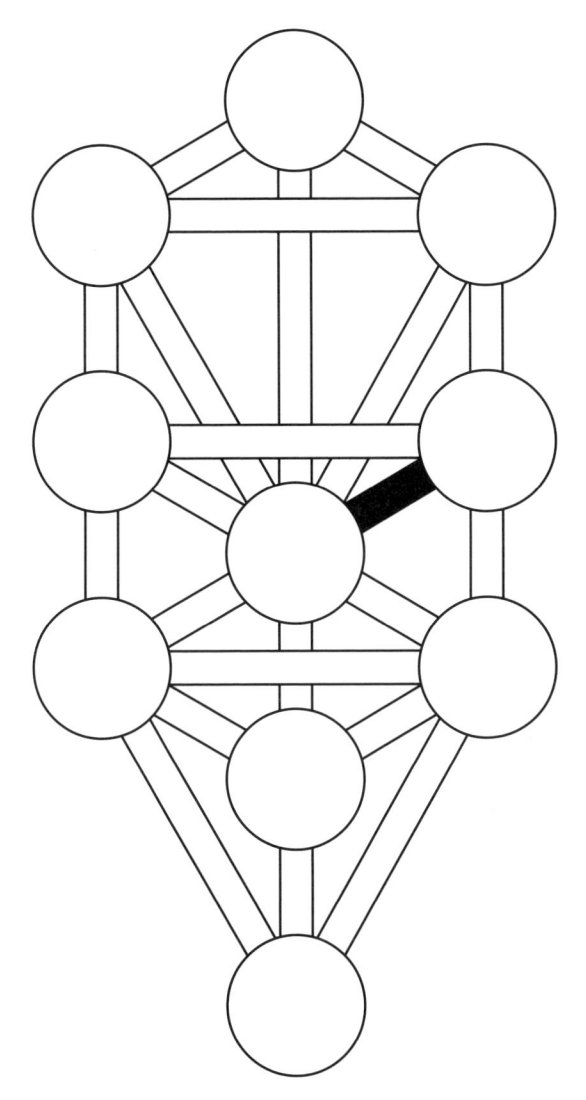

路徑 20 Chesed–Tiphareth（意志的智慧）

路徑20在生命之樹的對應中，被分配於質點Chesed–Tiphareth。

路經20是在深淵下方，趨於仁慈之柱一側的能量連接，陽性勢能是啟動合一神性的第一動態效應，而Cheses正是該極性處於形成世界的首個創造顯化點；Tiphareth則是在Chesed與Gebura的相互運作中所體現的神性平衡點，所以兩者關係相應體現的是，由上至下那順延不斷的創造意志，也因此，路徑20被《形成之書》定義作「意志的智慧」。至於該路徑的祕傳學標題「永恆的先知」，筆者認為或可與此相呼應，不過，由於標題名義是偏向神學宗教化的詮釋，而筆者學識有限，此處便不作過多敘述。

關於創造的產生，是經由高位的原初智慧Chokmah所釋放出來，但必須是在Chesed這一中位陽性能量的推動下，造物工作才能啟動下方的形成運化區域，而該部分也以Tiphareth為中心點，從而與其餘各點（除Malkuth）產生一定的神性關聯，筆者認為，這或許就是文本所描述的：「因為它是所有以及每個被造物的準備手段，並且透過這種智慧，原始智慧的存在變得眾所周知。」此文中所隱含的深意。

路徑20雖隸屬於陽性之柱一邊，但其中關聯的Chesed–Tiphareth，讓此路徑的性質並不傾向「動與顯」的體現，而是側重於「穩與藏」的面向，這在其對應的字母中有著很深的揭示。分配於該路徑的字母為Yod，它在《生命之樹卡巴拉——西方神祕學的魔法根本》一書中的描述為「合上的手」或是「拳頭」。根據資深卡巴拉學者的研究，拳頭所指的是手握拳而只露出一根手指的狀態，它也可以間接指向關於生殖器

之象徵，代表的是精子或潛意識的秘密意志。而這兩者所闡述的，都具備一個共同點，即這個字母文義所表達的是，手處於「閉合」的狀態，藉由此，使手在密閉的情況下能夠潛藏相應的行動力量，這同時也反映至高的Kether，若將之孤立來看，只是絕對同一（能量）的存在，但若從造物的角度而論，在這隱密之光內，含藏了足夠創造一切的運作力量，而這一深義應當也是路徑的另一祕傳學標題「力量之聲的魔法師」所被定義的原因。

　　字母Yod被安置於四聖名字母的第一位，於生命之樹中對應於質點Chokmah，而這一設定不僅表明陽性勢能是造物過程中第一先驅管道，更是藉此揭示，字母（路徑20）穩固維繫創造能量背後所根植的Kether那純粹同一的神性，這也間接詮釋了《光輝之書》中，上主對字母Yod告誡內容的深意所在：「……對妳來說，銘刻在我之中，並成為我意志的通道就已經足夠了，妳不應該從我的名字中被移除。」

路徑21 Chesed-Netzach
（和解的智慧）

《形成之書》：第二十一條路徑稱為和解的智慧，之所以如此稱呼，是因為它接受了神聖的影響力，從其祝福中流入一切或每個存在之處。

《光輝之書》：就在那時，Kaph從榮耀的寶座降下來，顫抖著說道：「噢，宇宙的主啊，願您通過我來開啟世界的創造，因為我代表著您的Kabod（該詞為honour，意為榮耀）。而當Kaph從榮耀的寶座上下降時，二十萬世界開始震動，寶座顫抖，所有的世界都在震顫，似乎要崩塌了。」神聖的主，祂的名是被讚頌的，便對她說道：「Kaph，Kaph，妳在這裡做什麼？我不會用妳來創造世界，回到妳的位置上去吧，因為妳代表著Kelayah（該詞為extermination，意為滅絕）所以，回去吧，留在那裡。」於是，她立即離去，回到了她的位置上。

字母：כ Kaph（手心、手掌）
祕傳學標題：生命力量之主
塔羅牌：命運之輪

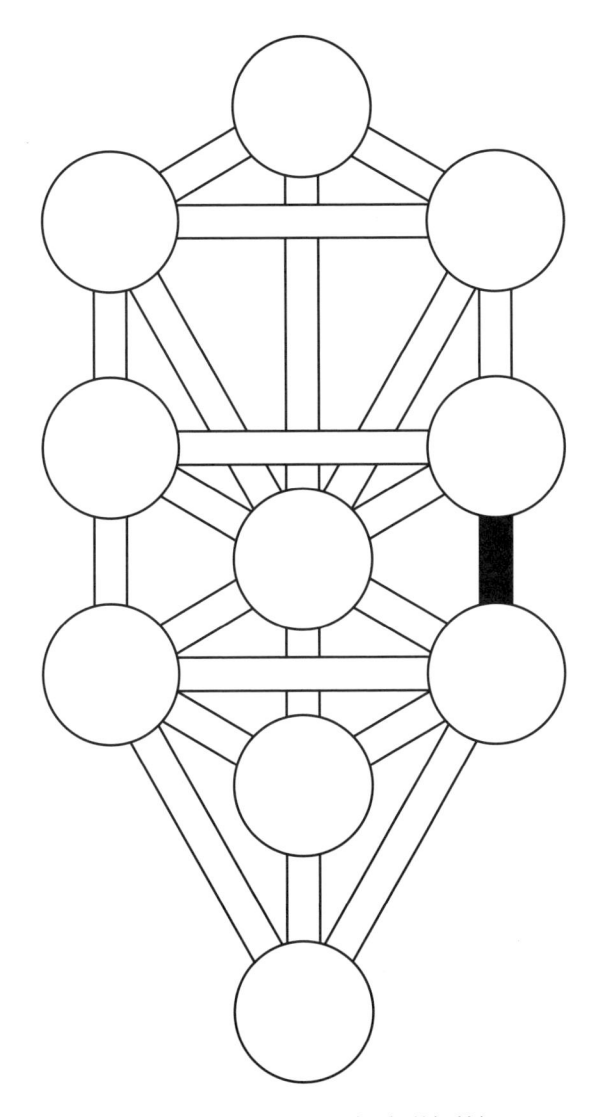

路徑21 Chesed–Netzach（和解的智慧）

路徑21在生命之樹的對應中，被分配於質點Chesed-Netzach。這路徑是陽性的仁慈之柱一側最後的垂直連接，其中質點Chesed是陽性力量位於形成世界中，最靠近上位區域的的第一顯化處，而Netzach則是靠近形成世界末梢的陽性質點，兩者一首一尾，相連出了一條由上至下縱向排列的陽性疏通路徑。

　　《形成之書》將該路徑定義為「和解的智慧」，文本中稱「是因為它接受了神聖的影響力」，指的是Chesed-Netzach組建的性能特質，它源自經由仁慈之柱頂端Chokmah所顯化散射出的高位陽性勢能，而這神聖的創造能量，當散射至路徑21，經由此陽性通路的推動作用，從而完成能量流注於每個所在處這一重要的疏通工作，這應當便是文本所描述的「從其祝福中流入一切或每個存在之處」[4]所要表達的含義。

　　分配於該路徑的希伯來字母為Kaph，意為手，在相關卡巴拉文獻中被特指為張開的手掌，這裡手掌可區別Yod路徑的拳頭（露指）所呈現的積蓄、潛藏的面向，它所揭示的是對能量的承接，以及將其進行相應疏通流動的運作模式，在《光輝之書》的文本描述中，該字母（路徑）也與字母Mem及Lamed共同構成「國王」（Melekh）一詞，而Kaph所處的位置也正是該詞組的末尾，這表明它承接了前兩個字母所流溢的能量，並且將其含藏，而字母Kaph（路徑）所對應的，也正是處於形成

---

4. 文本原句的翻譯，在現有中文譯本中存在出入，筆者依照本書論述文義，並參考《生命之樹卡巴拉——西方神祕學的魔法根本》書中相同句子的譯文思路進行翻譯，特此註明。

世界上部高我部分，以及下部靠近物質世界之具化區域相關聯的銜接位置，猶如一條疏通的紐帶，傳送源自Chokmah「上主之手」（此名稱為該質點的一個專屬稱號）而來的創造能量，此處筆者認為，這也應當是該字母在《光輝之書》文本中，所指出的，自己為組成上主的「榮耀」（Kabod，首字母）的原因所在，如果這「榮耀」的存在離開其本屬的「寶座」，即切斷了來自上層與底層世界之間關乎陽性能量傳輸的關鍵通道，從而打破了原本穩固平和的世界狀態，所以文本中描述：「而當Kaph從榮耀的寶座下降時，二十萬世界開始震動，寶座顫抖，所有的世界都在震顫，似乎要崩塌了。」這同時也被主告知，Kaph是象徵「滅絕」一詞，而文本的這段生動描述，可說正契合了此路徑「和解的智慧」這一稱謂的深層含義。而位於仁慈之柱上陽性的Kaph路徑，沐浴著由上主顯化出的神聖光輝，且經由這個連接，構建起陽性力量在通往底層具化個體生命時，那重要的基底傳輸通路，而這也透過該路徑的祕傳學標題「生命力量之主」被間接的呈現出來。

路徑 22 Geburah-Tiphareth（忠實的智慧）

《形成之書》：第二十二條路徑稱為忠實的智慧，之所以如此稱呼，是因為透過它，精神美德得以增加，地球上的所有居民，幾乎都在它的陰影之下。

《光輝之書》：字母 Mem 走上前來說道：「噢，世界之主啊，願您通過我來創造世界，因為我是 Melekh（該詞為 King，意為國王）這個詞的起始，這也是您的稱號。」主便回答說：「確實是這樣的，但是我不能在創造世界時使用你，因為這個世界需要一位國王。因此，你要和 Lamed 以及 Kaph 一起返回你的位置上，因為沒有 Melekh，這個世界是無法存在的。」

字母：ל Lamed（趕牛棒、牛鞭子）
祕傳學標題：真理之主的女兒、平衡的統治者
塔羅牌：正義

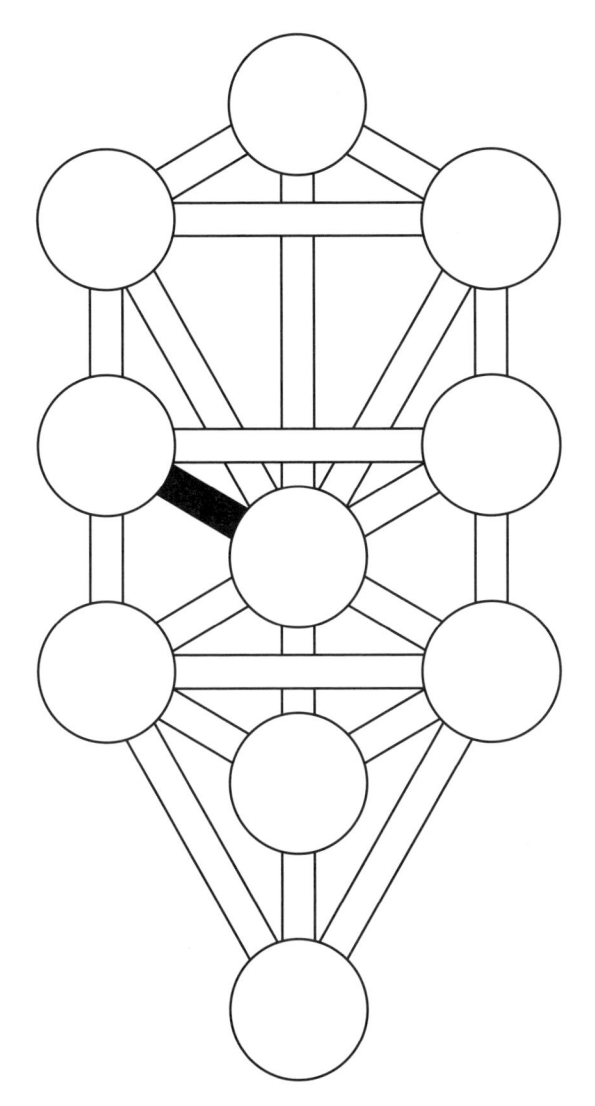

路徑 22 Geburah–Tiphareth（忠實的智慧）

路徑22在生命之樹的對應中，被分配於質點Geburah-Tiphareth。

路徑22相關聯的是閃電下降順序中的一部分，屬於遞進式的能量散射關係，但若依照二元極性的互動模式來看，質點Geburah是具有破壞及摧毀能量的特質，而它的呈現是因為其對稱的陽性穩固點Chesed，在此交替關係產生時，必會即時呈現出中柱的平衡效應，也就是呈現出神性質點Tiphareth，而這一顯化也忠實不變的反映著上層Kether至高同一的本質，所以《形成之書》給予該路徑「忠實的智慧」的定義，在生命之樹的結構中，路徑內的神性質點Tiphareth也協調著，除了Malkuth之外的各質點間的能量影響，其相對平衡的特質，也可謂是位處頂點的Kether所屬的統一之性，在下方的增益延伸及影射，因此文本稱「是因為透過它，精神美德得以增加」，它同時也為個體的自我意識中心，其本具的神性平衡之「美」的能量，可經由其下各點的運作，間接影響至底層的物質世界，從而庇護著被造的一切，如文本所描述的：「地球上的所有居民，幾乎都在它的陰影之下。」而質點Geburah及Tiphareth這一能量遞進的運作關係，賦予了其路徑一種趨向平衡的性能特質，而這點在其對應的字母中亦被揭示出來。

分配於路徑22的希伯來字母為Lamed，意為趕牛棒，這具有明顯的「役使」內涵，即透過相應的力量干預（傷痛），用以驅策牛勞作的重要工具。此外，該字母還有「牛鞭子」之義，鞭子是現實經驗中耳熟能詳的鞭策工具，這兩者的字義均影射出字母所對應的路徑中，Geburah所蘊含的那股強勁且極具破壞的偏性能量，也是在這種驅使力量的影響之

下，使牛與人之間所進行的相互運作，最終趨向相對平衡的狀態之中，其含義同樣清晰的反映出路徑中的質點關聯特質。

在《光輝之書》的文本敘述中，Lamed也是協助字母Mem以及Kaph共同組合出了「國王」一詞的中位字母，筆者認為，這樣的設定乃因Lamed路徑是陰性能量在造物工作中，由天界進入形成世界中心的獨一遞進通路，而三個字母也均是處於這個層級，Lamed被置於Mem及Kaph的中間區域，所以它就成為了承擔組建「國王」一詞的重要能量銜接。這裡字母所處的位置，也再次契合了路徑質點Geburah-Tiphareth所形成的遞進連接，而這兩點的能量流動，也反映了聖樹中位的同一性，從而也影射出了源自高位的平衡真理，這應當便是該路徑祕傳學標題被定名為「真理之主的女兒」及「平衡的統治者」的原因。

路徑 23 Geburah-Hod
（穩定的智慧）

《形成之書》：第二十三條路徑稱為穩定的智慧，之所以如此稱呼，是因為它具備所有計數法一致的美德。

《光輝之書》：字母 Mem 走上前來說道：「噢，世界之主啊，願您通過我來創造世界，因為我是 Melekh（該詞為 King，意為國王）這個詞的起始，這也是您的稱號。」主便回答說：「確實是這樣的，但是我不能在創造世界時使用你，因為這個世界需要一位國王。因此，你要和 Lamed 以及 Kaph 一起返回你的位置上，因為沒有Melekh，這個世界是無法存在的。」

字母：מ Mem（水）
祕傳學標題：強大水域之靈
塔羅牌：倒吊人

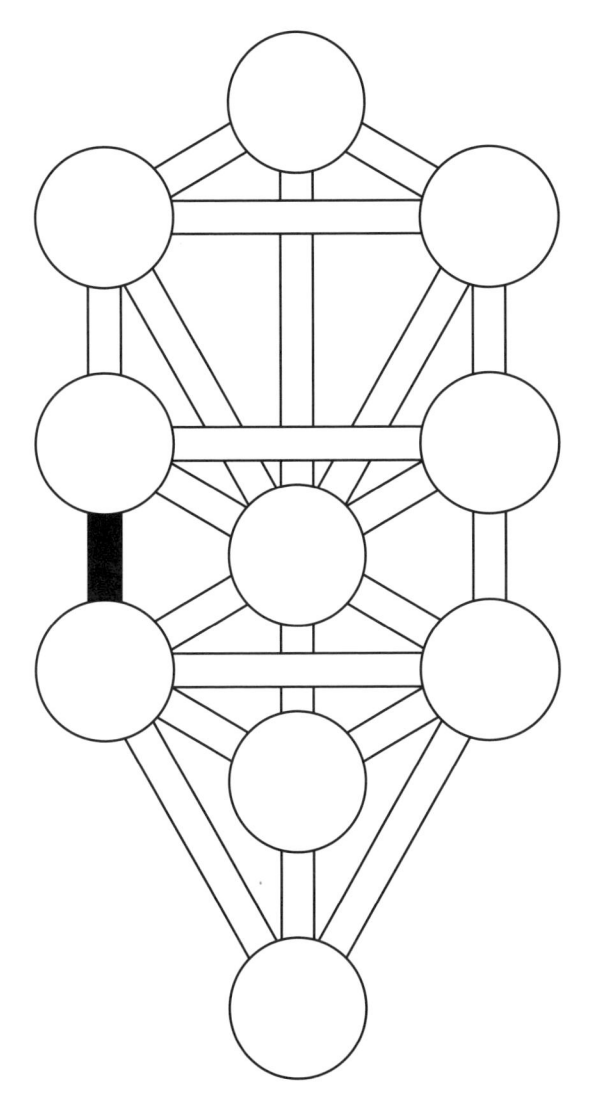

路徑23 Geburah–Hod（穩定的智慧）

路徑23在生命之樹的對應中，被分配於質點Geburah-Hod。

路徑23是相對於陽性路徑Kaph的存在，隸屬於嚴厲之柱的中下端，該路徑中的兩個質點，是Binah所激活的陰之極性於下層不同的具化體現，具有破壞、瓦解影響的Geburah，則是陰性特質所呈現出的爆裂驟變的勇猛質點，隨著位階的下降，在到達Hod時，能量以細化緻密的形式予以彰顯。雖然兩者所處的位階程度不同，但使能量趨向具化形式確是穩定一致的，文本所給出的「是因為它具備所有計數法一致的美德」這句描述，筆者因能力有限，還不能全然闡釋，但上述分析或許是文句所隱藏的意涵之一。而該路徑的文本名義「穩定的智慧」，也可與此義相呼應，並且其所謂的穩定，也可指向兩個質點所隸屬的陰性之柱，那本然的被動靜態特質。

分配於路徑23的希伯來字母為Mem，它也是字母表中三個母字母之一，在創世三元素中，對應於水，而它也具有凝聚、漫散、被動等特質。

三個基礎元素字母（路徑）[5]在生命之樹的組成構架中，只有字母Mem所屬的陰水路徑處在結構圖的中部區域，這表明在神聖的創造工作中，字母Mem正是三個母字母中，唯一能夠汲取同一神聖能量的中部純陰路徑，這也可說是該路徑的祕傳學標題「強大的水域之靈」所隱

---

5. 此處「三個字母（路徑）」是，生命之樹中三個對應基本元素屬性的路徑。它們分別是字母Alef–路徑11對應「風」，字母Shin–路徑31對應「火」，字母Mem–路徑23對應「水」。

喻的深意。所以筆者認為，這也應當是在《光輝之書》的文本描述中，字母 Mem 開示自身為「『國王』（Melekh 即 King）的開頭字母」的原因，意即，它是字母組合中那個獨一的能量源頭，因此這個團體也成為坐落於 Malkuth（王國）之上，即生命之樹中心區域（形成世界部分）重要的能量集合，那麼在《光輝之書》中便出現了上主的告誡：「確實是這樣的，但是我不能在創造世界時使用你，因為這個世界需要一位國王。因此，你要和 Lamed 以及 Kaph 一起返回你的位置上，因為沒有 Melekh，這個世界是無法存在的。」

路徑 24 Tiphareth-Netzach（想像的智慧）

《形成之書》：第二十四條路徑稱為想像的智慧，之所以如此稱呼，是因為它賦予所有相似物一種樣子，使它們以和諧優雅的方式創造出相似的樣貌。

《光輝之書》：字母 Nun 走上前來，懇求她的價值道：「我不僅是『可畏可頌（fearful（Nora）in praises，其中 Nora 英譯作 fearful，意為畏懼）』一詞的首字母〈出埃及記 15：11〉，還是『正直的人讚美是合宜的（Comely（Nagra）is praise for righteous，其中 Nagra 譯作 Comely，意為合宜）』一詞的首字母〈詩篇 33：1〉。」主便說道：「噢，Nun 啊，回到妳的位置上去吧！正是因為妳的緣故（代表 Nofelim，該詞為 the falling，意為墮落），Samekh 才回到了她的位置上。因此，妳應當待在她的扶持之下。」於是，Nun 立即回到了她的位置上。

字母：Nun（魚）
祕傳學標題：偉大變化之子、死門之主
塔羅牌：死神

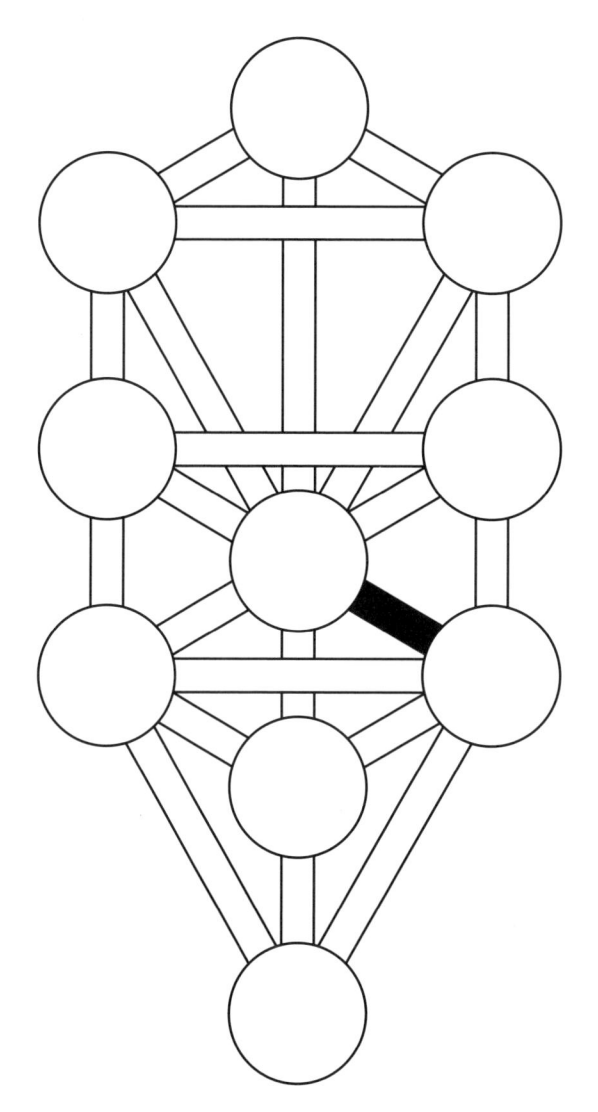

路徑24 Tiphareth–Netzach（想像的智慧）

路徑24在生命之樹的對應中，被分配於質點Tiphareth-Netzach。這兩者的關聯構成了一條處於形成世界中心的進化銜接，依創世的閃電下降順序，能量在這個遞進關係中，由本為神性和諧的Tiphaerth之中游離出來，朝向陽性的仁慈之柱一側進行偏移，因為如此，該世界層級開啟了兩級分化的結構，而Tiphaerth便是其下位的低我區域之高點，《形成之書》將這路徑定義為了「想像的智慧」，筆者認為此處的「想像」，或許是取用了質點Tiphareth於個體意識範圍內的名稱而定名。

　　路徑24展現形成世界中，乃藉由Tiphareth相對和諧平衡的狀態，進而衍化出一個新的創造過程之起始，它也可這麼說，是下層世界對於生命之樹頂端合一本質的Kether與Chokmah之間，所顯現出的創造釋放形式的相似模擬表現，而這種共性也是一切受造物所本具的原初創造形式，這或應是文本描述的：「是因為它賦予所有相似物一種樣子，使它們以和諧優雅的方式創造出相似的樣貌。」所欲彰顯的深意。這條路徑的呈現，也標誌著創造工作因形成世界末端區域的建立，逐漸轉入底層的物質世界，而高我的神性特質也隨著這一過程，趨向受限於生死更迭變化的低物質層面，所以筆者認為，這也應當是該路徑的祕傳學標題之所以用「偉大的變化之子」及「死門之主」所蘊含的深層意義。

　　分配於路徑24的希伯來字母為Nun，意為魚，該字母充分的反映其對應路徑的性能特質，這裡若以水平面作為界限，魚則是生活在水線下方的活躍生物，那麼Nun所屬之路徑24，根據生命之樹的結構來看，它同樣是臨近象徵著強大水域的水之路徑Mem的對側，於是經由

Tiphareth之中而湧現出的動態質點Netzach，也猶如水中的魚一般，隨著創造過程的逐漸加深，從而展開形成世界中的低位層次能量活動運作；在《光輝之書》中，該字母被開示了一層含義，即「我是『可畏可頌〈出埃及記15：11〉』一詞的首字母」，由Netzach所關聯的路徑24，是彰顯至底層世界前，陽性之柱一側最後的能量遞進連接，繼之將進入聖光最弱的物質區域，這在文句中以畏懼一詞作為揭示，它同時也是藉由Netzach所散發出的下位路徑Zade（Netzach-Yesod即路徑28，也對應正義或正直的意涵），其上方重要的能量下降通路，因此文本中產生了字母所開示的第二層含義，即「正直的人讚美是合宜的〈詩篇33：1〉」一詞的首字母」。

　　正因為Nun路徑所處的位置，從而反映出以神性的中心質點Tiphareth所劃分的上下層級結構，而這也正是創造能量在脫離神性中柱的平衡效應後，繼而呈現出降維遞進的流動運作過程。此處筆者認為，這應當是字母Nun所要揭示的最後一層深意，即文本中上主所開示的：「噢，Nun啊，回到妳的位置上去吧，正是因為妳的緣故（意為墮落），Samekh才回到了她的位置上。因此，妳應當待在她的扶持之下。」

路徑 25 Tiphareth-Yesod（考驗或試探的智慧）

《形成之書》：第二十五條路徑稱為考驗或試探的智慧，之所以如此稱呼，是因為它是最初的誘惑，造物主透過它考驗所有正義的人。

《光輝之書》：接著，字母 Samekh 走上前來，並說道：「噢，世界的主啊，願您可以通過我來創造世界，因為我代表著 Semikah（該詞為 upholding，意為扶持）墮落之人，正如經上所寫的那樣『主扶持著一切墮落的人〈詩篇 145：14〉』。」主便回答她說：「正因為是這樣，妳才應該留在你的位置上，倘若妳離開了，那些依靠著妳所扶持的墮落者，將會何去何從呢？」於是她立即離去了。

字母：ס Samekh（支撐物、工具）
祕傳學標題：和解者之女、生命的誕生者
塔羅牌：節制

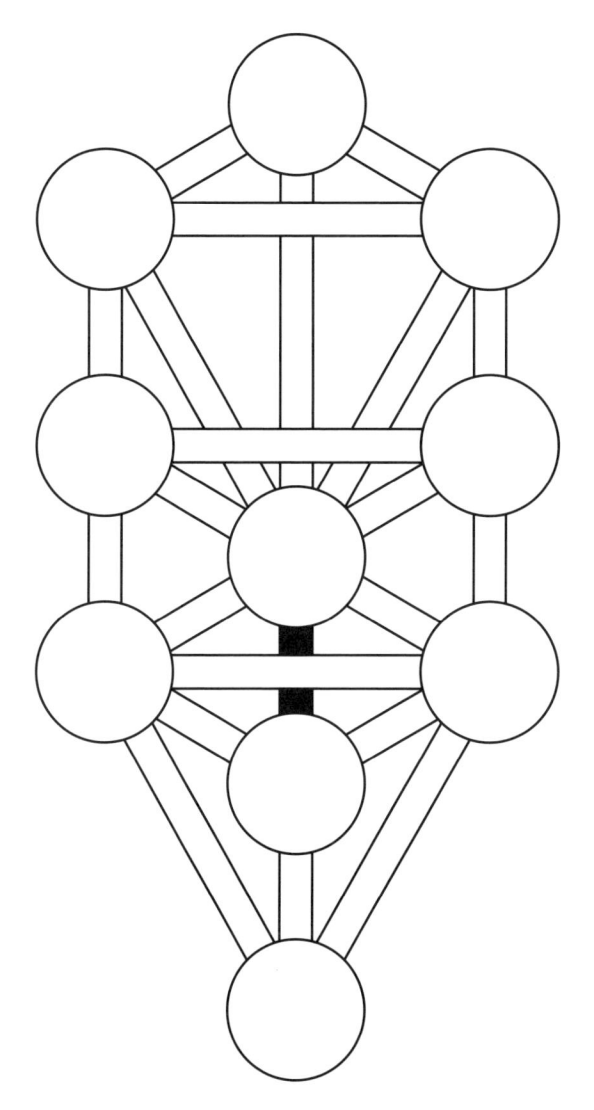

路徑 25 Tiphareth–Yesod（考驗或試探的智慧）

路徑25在生命之樹的對應中，被分配於質點Tiphareth-Yesod。

路徑25處於中央之柱下方的能量通道，是位於形成世界由中至下的區域，神性質點Tiphareth結合協調的效應，延伸到底部同為傾向合一工作的質點Yesod之中，所以兩者的協作互動，組成了行動世界之上唯一的平衡通路。

《形成之書》中對路徑25給出了「考驗或試探的智慧」的定義，原文則稱「它是最初的誘惑」，這裡的「誘惑」不禁讓我們聯想到《聖經—創世紀》第三章的標題，即「始祖被誘惑」，我們在討論路徑Teth（Chesed-Geburah）時曾提及，因為蛇的引誘，使夏娃（亞當）淪入二元極性的互動原則中，那導致他們遺失了伊甸園所象徵的永恆同一的神性狀態，若要使其返本還真，必須建立於極性交互模式的基礎上，才能揭示出它統一聖潔的本質。

在其上方的Gimel路徑，以Kether-Tiphareth所連接呈現的合一性質，反映出對極性互立關係所產生的結合效應，而在路徑25中，是透過質點Tiphareth及Yesod揭示出，必要透過趨向協調及和解的神性考驗，才可謂是跨越那源自創造過程中，二元極性更迭往復的運作「誘惑」，從而使之趨向那圓滿至臻的合一狀態，正因為如此，文本稱「造物主透過它考驗所有正義的人」，而這也應當是該路徑的祕傳學標題「和解者之女」所蘊藏的深意。

而分配路徑25的希伯來字母為Samekh，意為支撐物，筆者在《托特搭羅的多重宇宙》的卡巴拉註解中曾提及，它在宏觀中可類比房屋的

承重結構，於微觀中可類比人體內在的骨骼等支撐架構，兩者的共通之處在：「均可通過其相應的支持作用，來營造一個平衡協調的共融空間。」正如路徑25佇立於形成世界低層的極性互動區域，成為防止下位陰陽極性失調的唯一扶助支撐工具，也正因如此，筆者認為這或可間接詮釋《光輝之書》中的文字描述，即「因為我代表著Semikah（意為扶持）墮落之人，正如經上所寫的那樣，主扶持著一切墮落的人〈詩篇145：14〉」所蘊含之深意。

而Samekh路徑兩質點所組成的路徑銜接，位於生命之樹整體的中下部，若對照於人體，其位置範圍則可囊括女性機體中用以孕育、繁衍後代生命的溫床，亦即「子宮」，所以Samekh路徑的顯化，也標定了在構成生命體之過程中那獨一的中位能量樞紐，這應當也是該路徑的另一個祕傳學標題「生命之誕生者」所要揭示的深層意義。

路徑 26 Tiphareth-Hod（更新的智慧）

《形成之書》：第二十六條路徑稱為更新的智慧，因為聖神透過它，更新了所有因創造世界而更新的變化事物。

《光輝之書》：字母 Ayin 也被拒絕了，因為她代表著 Awon（該詞為 iniquity，意為罪孽），儘管她懇求說自己象徵著 Anavah（該詞為 humility，意為謙卑。）

字母：ע Ayin（眼睛）
祕傳學標題：物質之門的主宰、時間力量之子
塔羅牌：惡魔

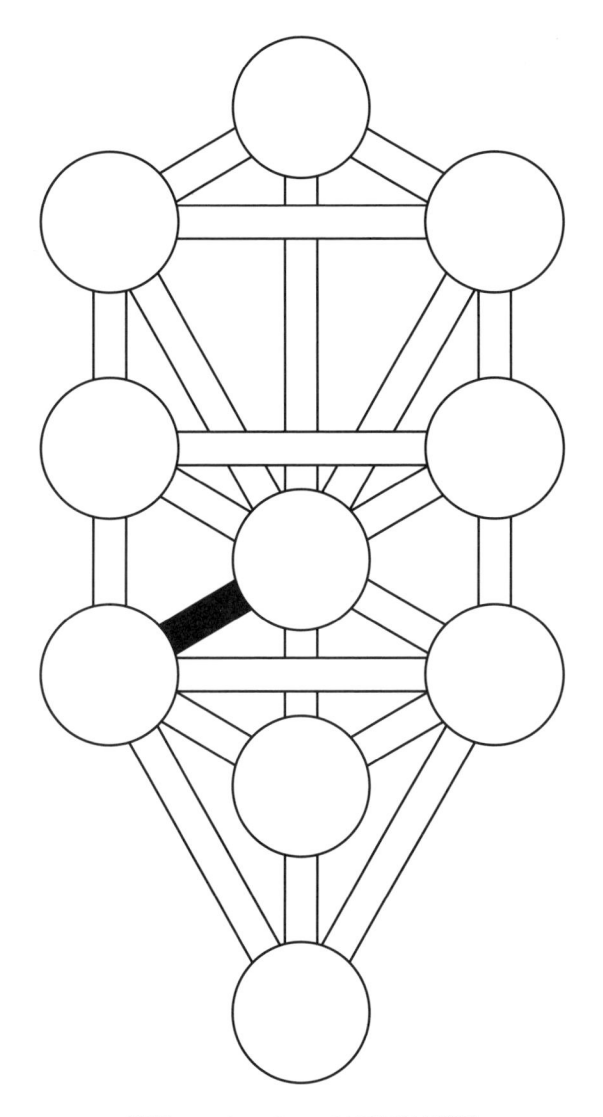

路徑 26 Tiphareth–Hod（更新的智慧）

路徑26在生命之樹的對應中，被分配於質點Tiphareth-Hod。

　　在路徑26的質點關聯中，造物工作在相對平衡的合一質點Tiphareth之內，其能量發生了動態上（Netzach）的偏折，這也催生了陰性之柱末端質點Hod的顯化，它也是生命之樹極性互動影響的結點，創造能量在這個維度影響下，已趨向精緻細化的形式，並在閃電下降的順生路線中，導向Yesod的乙太區域，且直至最終物質世界之生成，筆者認為，這應是賦予它的祕傳學標題「物質之門的主宰」所要揭示的重要意涵。

　　在《形成之書》中，對於該路徑的定義是「更新的智慧」，在陰陽互動的造物工作中，於神聖的Tiphareth之上的能量是高於物化的存在，但隨著運作的逐漸下降，當位於下方陰陽極性的質點Hod最終顯現時，才可說是趨向細化的質變，且藉由此點，在創造過程中，能量也開始向具化的形質狀態完成過渡革新，因而文本的描述是：「因為聖神透過它，更新了所有因創造世界而更新的變化事物。」此處筆者認為，該路徑是透過質點Hod的影響，從而側面的隱喻了以Binah為主的陰性能量，是開啟閃電下降過程中，新一層級的變更轉化處，而Binah的呈現正是聖凡兩極世界分化前的標定點。至於質點Geburah則是在形成世界之內，開啟下位具化層級前的動力源，這三個陰性質點所反映出的相應影響，正是為創造工作標定出能量革新至新維度前的時空結點。所以筆者認為，在路徑的祕傳學標題「時間力量之子」中，先哲們正是透過「時間」這一象限名詞用來隱喻這一層深義。

分配於該路徑的希伯來字母為 Ayin，意為眼睛，這是人體中重要的光源接受器官，對外可直接獲取源自太陽的光線，而其對於光之聚焦合一的功能，可類比 Tiphareth 的相應性質，在透過與大腦之間完成相應的訊息傳遞運作，從而構建出可看見的影像，這一精密細緻的處理機制，間接反映出 Hod 所具有的能量特質，這兩者所形成的間隔銜接處，位於形成世界區域的中底部，雖然這涉及了其中位的核心能量，但若依照能量創造的下降順序，其在該路徑中應是以陰性的 Hod 為落點，而這也使路徑被賦予了一定意義上的偏性影響，所以筆者認為，這個意涵或可幫助我們更好的理解《光輝之書》的文字內容，即不見字母 Ayin 上前懇請創造，因上主已將它的特質考慮在前，並直接對其進行了告誡，即文本所述：「因為她代表著 Awon（罪孽），儘管她懇求說自己象徵著 Anavah（謙卑）。」

路徑 27 Netzach-Hod
（積極或興奮的智慧）

《形成之書》：第二十七條路徑稱為積極或興奮的智慧，之所以如此稱呼，是因為每個存在均是透過它而獲得了它的精神和運動。

《光輝之書》：字母 Pe 走上前來，懇求道：「噢，世界的主啊，願您通過我來創造世界，因為我象徵著 Purkana（該詞為 redemption，意為救贖）與 Peduth（該詞為 deliverance，意為解救），這些正是您將賜予世界的，因此，以我來創造世界是最合適的。」主便回答道：「你確實有價值，但你也代表著 Pesha（該詞為 deliverance，意為過犯），而且你的形狀就像一條蛇，蛇的頭蜷縮在體內，象徵著有罪之人低垂著頭，但卻伸出手去行惡。」

字母：פ Pe（嘴）
祕傳學標題：萬軍之主
塔羅牌：塔

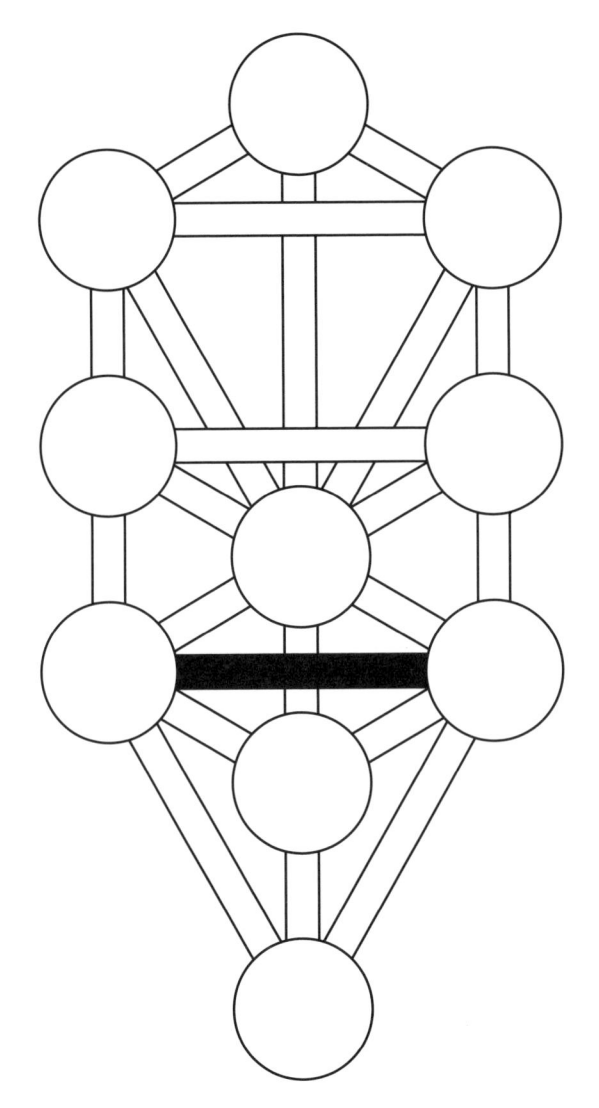

路徑 27 Netzach–Hod（積極或興奮的智慧）

路徑27在生命之樹的對應中，被分配於質點Netzach-Hod。它的位置處於形成世界的底部，依循創造能量的下降路線，這路徑是源於其上方Tiphareth而流經出來的能量銜接，在告別了該質點的相對平衡狀態之後，能量由陽性一側的動態質點Netzach激發而出，繼而遞進至陰性一側的Hod能量顯化之中，如此能量在生命之樹的下方形成了最後一道對稱活躍的動態路線，筆者認為，這便是《形成之書》之所以將這條動態機制的路徑定義為「積極或興奮智慧」的原由。能量在路徑27的質點關聯中，是由Netzach（能）至Hod（形）做了最後一次遞進互動，而作為落點的Hod標誌著，起於高位原初極性運作的能量形式，已趨向於「由無轉有」、「由少轉多」的豐聚狀態，我想這或許是該路徑的祕傳學標題，選擇與Hod的神之聖名同一稱謂為「萬軍之主」的原因所在。創造的工作起於合一的神性，但必須經過極性的互動才可完成，而在路徑27最終的互動運作之後，並且透過Yesod的作用，底層區域才可真正意義上的顯化出萬物叢生的物質世界，所以筆者認為，這也應是文本描述的：「是因為每個存在均是透過它，而獲得了它的精神和運動。」所蘊含的深層含義。

　　分配於該路徑的希伯來字母為Pe，意為嘴，在日常經驗中，它主要對應於進食、咀嚼和語言交流這一作用，因此它也成為人體結構中重要的活動器官，在《光輝之書》的描述裡，該字母的字形被描述為：「而且你的形狀就像一條蛇，蛇的頭蜷縮在體內。」若依照路徑的結構分布來看，這句也可間接指向位在其上方的水平路徑Teth（蛇），該路徑所

對應的質點Chesed–Geburah，是下層世界極性運動關係的起始連接，藉由這強大的對稱互動力量，從而顯化出Tiphareth這一神性結合的中位質點，但因為創造工作必然呈現二元遞進的下降軌跡，這讓它的極性運動過程不會因其協調作用而止步於此，這也開啟了形成世界中的第二階段運作流通，而源於該層級上方的路徑Teth所流經而來的創造能量，則經由路徑Pe所建立的遞進關係，進行了最後的互動傳輸，依循順生的規律，必須經由該連接作用，才可促生同一神性狀態，同時於形成世界底層完成顯化，可以說這也體現了Pe路徑重要的正向特質。

在《光輝之書》中，它是用了宗教性的詞彙「救贖（Purkana，即redemption）」與「解救（Peduth，即deliverance）」，來對字母Pe進行正面的詮釋，至於路徑質點的關聯效應，仍屬於二元相對的極性運作法則，換言之，它不是合一的最終體現，所以文本中用以相較形象的語句，即：「你確實有價值，但你也代表著Pesha（意為過犯），而且你的形狀就像一條蛇，蛇的頭蜷縮在體內，象徵著有罪之人低垂著頭，但卻伸出手去行惡。」從而對其缺憾作出了相應的判定。

路徑 28 Netzach-Yesod（自然的智慧）

《形成之書》：第二十八條路徑稱為自然的智慧，之所以如此稱呼，是因為透過它，太陽下每一個存在者的本質都得以圓滿和完善。

《光輝之書》：此時，Zade 走上前來並說到：「噢，世界之主啊，願您可以以我來創造世界，因為我代表 Zadikim（該詞為 righteous，意為正義）的象徵，同時也象徵著您自己，並被稱為 Zadikim。正如那所寫的『主是正義的，祂喜愛正義〈詩篇 11：7〉』。因此，用我來創造世界是合適的。」於是，主回答道：「噢，Zade 啊，你是 Zade，妳象徵著正義，但是妳必須隱藏起來，不能過於顯露，否則會讓世人有了冒犯的藉口，因為妳是由字母 Nun 和 Yod 所組成，它們分別代表男性與女性的原則，這也是創造第一人類的奧祕──她是以雙面（即男性與女性合一）而造的。同樣的，Zade 中的 Nun 與 Yod 是背對背，而非面對面，無論 Zade 是直立的還是倒轉的，都是如此。」聖者願祂受祝福，繼續對她說道：「將來我會將妳分成兩部分，使妳們可以面對面，但妳將出現在另一個地方。」於是她便離開了。

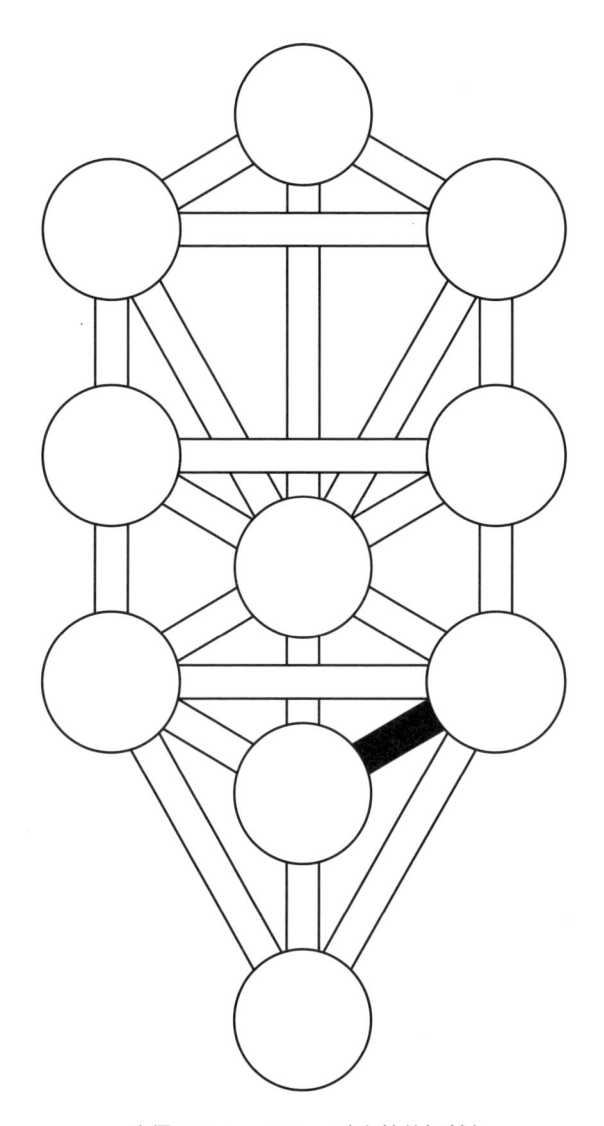

路徑 28 Netzach–Yesod（自然的智慧）

字母：צ Zade（魚鉤）
祕傳學標題：蒼穹之女、水域間的居民
塔羅牌：星星

　　路徑28在生命之樹的對應中，被分配於質點Netzach-Yeosd，在這兩者的關聯互動中，藉由陽性之柱末端Netzach的能量顯化，開啟了位於形成世界的下部具化區域，也是因為這個區域的建立，而由其中柱底部的支撐點Yesod，進行合併連接的作用，以完成物質微細層次的創造構建。在聖樹的結構分布裡，位於仁慈之柱頂端的Chokmah，對應著創造工作原初的能量釋放，但隨著極性互動的運作法則，其陽性的動態機能，也會降至該支柱低端，且以更為深化的質點Netzach的偏性特質呈現。而對於Netzach與Chokmah這種極性衍化關係，或應當是路徑的祕傳學標題「蒼穹之女」[6]所要傳達出的深意。

　　路徑28所關聯的質點Netzach及Yesod，若依照極性下降的創生模式來看，其各自的能量顯化，必源自存在於水之路徑Mem中，那高於兩者的質點Gebura（間接）及Hod（直接）的散射才可形成。此處筆者認為，該路徑的祕傳學標題「水域間的居民」便應當是間接指向這種能量互動的關係。

---

6. 蒼穹，是Chokmah的一個占星對應名稱。

依循閃電下降的行徑路線，Netzach經由神性的中位質點Tiphareth[7]中散射而出，在後續與Hod的對稱運作中，衍化出中柱的底層凝聚點Yesod，在形成世界末端及物質界之間，它也協調著上述兩點的極性影響，並在其趨向合一的作用下，物質得以自然誕生，從而達成最終的圓滿顯化，所以該路徑所關聯出的能量特質，於文本中的描述為：「透過它，太陽下每一個存在者的本質，都可得以圓滿和完善。」因而它也被名為「自然的智慧」。

　　分配於路徑28的希伯來字母為Zade，意為魚鉤，在《光輝之書》的描述中，稱該字母為：「因為妳是由字母Nun和Yod所組成，它們分別代表男性與女性的原則，這也是創造第一人類的奧祕——她是以雙面（即男性與女性合一）而造的。」其中Yod路徑（Chesed-Tiphareth）為組合的陽性面，是臨近超凡區域的存在，它承載著由上方散射而出的神聖能量，因其位於形成世界的高位，可對應於上位。而Nun路徑（Tiphareth-Netzach）為組合中的陰性面，此能量銜接的是下降遞進的流通管道，它位居形成世界的低位，可對應於下位，因此兩條路徑的組合呈現出一個介於形成界上下兩端的隔級連接狀態，所以文本的描述為：「同樣的，Zade中的Nun與Yod是背對背，而非面對面，無論Zade是直立的還是倒轉的，都是如此。」而兩者所組成的這種分隔形式，並

---

7. Tiphareth是對應於占星系統中的太陽。

非是契合生命之樹中陰陽極性的對稱性結合模式，所以筆者認為，標準的極性相對法則，應當是原文所指的「創造第一人類的奧祕」，而這一奧祕，也可說，是由合一的神性質點Kether所釋放出的那初始創造關係，即質點Chokmah及Binah所構建的原初極性運動規律，所以路徑Zade配有字母Yod，雖然含藏陽性創造機能，但受字母Nun的陰性面影響，未能完成對稱交互的結合工作，有鑑於此，文本中上主便給出了相應的告誡，即：「妳象徵著正義，但是妳必須隱藏起來，不能過於顯露，否則會讓世人有了冒犯的藉口。」而於此之後也給出了對Zade路徑的最終囑咐，即：「將來我會將妳分成兩部分，使你們可以面對面，但你將出現在另一個地方。」

此處，文本中闡述Nun和Yod的極性順序是男性、女性，而筆者是站在兩個字母對應路徑的質點極性角度而論的，當然文句的書寫也或許是一種表示男女的常規順序，但無論為何種，兩個字母路徑同屬一個極性之柱，並均包含一個相同質點Tiphareth是無可爭議的，以上也僅是筆者個人的觀點，供讀者參考。

有關該路徑字母（魚鉤）的意涵，因筆者能力有限，還不能與路徑質點連接作出更深的釋義，但Nun路徑中也包含了質點Netzach，且同為後者所共有，正因為兩者間有此共點的存在，因而形成一個順勢下降的能量傳輸通路。所以筆者認為，這一關聯也間接的透過出兩個字母名義（魚鉤）與（魚）的深層交織關係。

路徑29 Netzach-Malkuth（肉身的智慧）

《形成之書》：第二十九條路徑稱為肉身的智慧，之所以如此稱呼，是因為它形成了每具身體，且是在整個世界及其增量之下形成的。

《光輝之書》：接著字母Shin走上前去，懇求道：「世界的主啊，願您可以允許我來開啟對這世界的創造，因為我是您的聖名Shaddai（該詞為Amlighty，意為全能者）的起始字母，用這個聖名來創造世界是最為合適的。」於是，祂回應她說：「妳是具有價值的，妳是很好的，妳也是真實的，但我還不能夠以妳來開啟對於世界的創造，因為妳是組成Sheker（該詞為falsehood，意為虛假）一詞的字母之一，Sheker若要存在，則離不開字母Koph和Resh，而將妳拉入它們的行列之中。因此，一個謊言若要令人信服，必要以某種真實的事物作為開始，而Shin是代表真理的字母，是先祖們與神溝通時的字母，但Koph和Resh屬於邪惡一方的字母，為了可以立足穩固，它們便拉攏Shin，從而形成了Qesher（該詞為conspiracy，意為陰謀）。」聽完這一切之後，Shin便離開了。

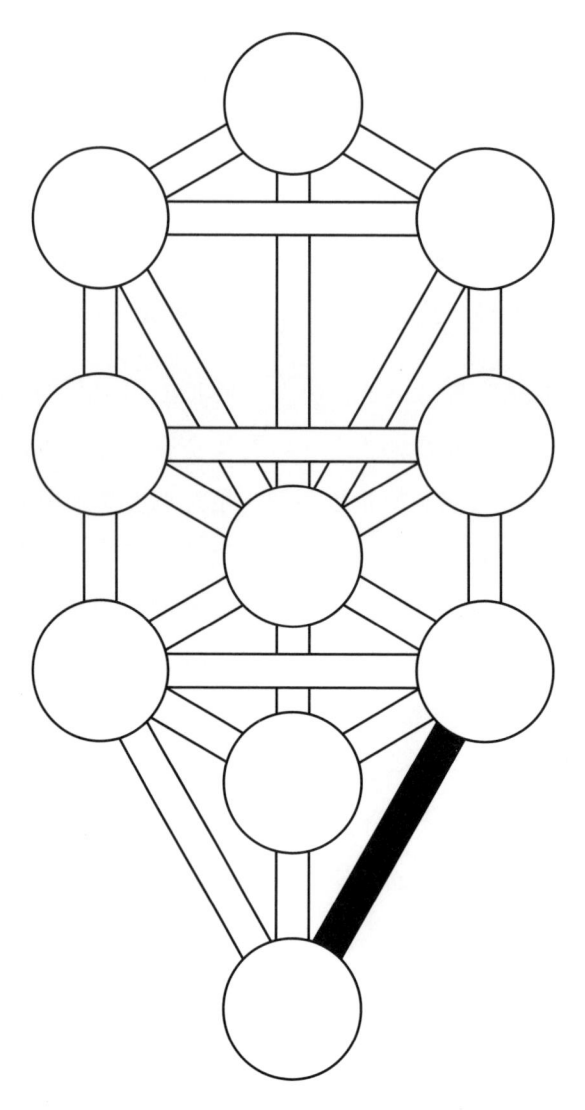

路徑 29 Netzach–Malkuth（肉身的智慧）

字母： ק Koph（後腦）
祕傳學標題：流量與回流的統治者、強者之子的子嗣
塔羅牌：月亮

　　路徑29在生命之樹的對應中，被分配於質點Netzach–Malkuth。此兩者的關聯，構建出一條陽性勢能與物質層面的上下銜接，創造工作在形成界下位起始質點Netzach之中，並逐漸向物化形式推進，直到散射至底層能量完成了這由無趨於有的運作，從而化現出由Malkuth為主宰的豐益且固化的物質世界，在這個繁複的區域中，更衍化出一切物質化的肉身載體，因而這條路徑在《形成之書》中是以「肉身的智慧」為定義，其描述：「是因為它形成了每具身體，且是在整個世界及其增量之下形成的。」造物的極性運作狀態起於高位的創造世界，並且依照閃電順序衍化出了，包含下位的陽性質點Netzach在內的形成世界，而能量必在此區域完成趨向具化的孕育工作，直至化現出最終的物質結晶Malkuth，這一過程也或許是路徑29的祕傳學標題「強者之子的子嗣」所隱喻的深意。

　　分配於路徑29的希伯來字母為Koph（亦作Qoph），意為後腦，它位於機體的頭部後下側，包含了小腦、腦橋及延髓三部分，其中的腦橋及延髓同時構成了大腦與脊髓的雙向通路，該生理結構也是人體心血管以及呼吸兩大循環系統的中樞所在，亦即透過它（多指延髓）的作用，可維護其各自循環運作的平衡，這種調節的機制，或可類同於討論質點

Malkuth時曾提及的平衡意涵，請詳見該質點相關文字。

至於路徑29所對應的祕傳學標題「流量[8]與回流的統治者」所隱藏的深層意義。筆者的觀點是，生命之樹的閃電下降過程，可視為一種「從無至有」的能量創生過程，所以這個運作的發生必是建立在勢能無形釋放的基礎上，而陽性的Chokmah則是展現此模式首顯的極性質點，繼而發生陰性Binah的顯化，並開啟陰陽互動的造物運作法則。只是在能量的上升軌跡中（蛇的攀爬），這個運作機制與之相反，因為上升的路線最終是要完成神性的回溯，所以這過程是要建立在脫形的基礎之上，而對應於「形」的陰性之柱一側的質點Hod，是顯化該模式的首個極性分化點，接著則是陽性Netzach的相應呈現[9]，若從底層的路徑銜接來看Tau（Yesod-Malkuth），可視為基底能量回升的初始之處（類比上層的Kether），而路徑Shin（Hod-Malkuth）是作為陰性一側的首顯極性銜接，與之對稱的是路徑Koph（Netzach-Malkuth），依照路徑上升行進次序由陰至陽是為「Shin-Resh-Koph」。而路徑29也是在這個由下而上的返本過程中所顯化的首個關聯陽之極性的能量路徑，其中質點Netzach，若處於上至下的創生模式，那它的存在所反映的是陽性能量趨下的流動顯現，而若是處於下至上的溯源（攀爬）模式，它的存在所反映的，恰好

---

8. 原文詞Flux，動詞，亦可譯作波動。
9. 補充說明：此處讀者可參考生命之樹蛇的攀爬圖，其中蛇身盤結交錯所形成的路徑軌跡，即是以陰之極性為起點所展現出的先陰後陽的回流機制。

是陽性能量趨上的回升顯現，在這一返本過程中，陽性能量回流顯化，所以筆者認為，路徑29的祕傳學標題中的「Flux（流量、流動）」與及「Reflux（回流、逆流）」，或可說是質點Netzach所對標的陽性機能，在聖樹結構中所顯化的升降終始之循行存在形式，而該路徑所關聯的統攝物質世界主宰的Malkuth，也同樣是創造顯化及回溯神性的升降統攝點，而該路徑的祕傳學標題「流量與回流的統治者」，可說是間接揭示出兩個質點於路徑中的性質深意。

　　有關此篇提及的，能量回溯的脫形上升機制，其循行規律之能量是由路徑32（Yesod–Malkuth）作為其回升分化的起始處，且由陰至陽的規律依次交替攀爬直至頂端，其順序是：路徑32→路徑31→路徑30→路徑29→路徑28→路徑27→路徑25→路徑26→路徑24→路徑23→路徑22→路徑21→路徑20→路徑19→路徑13→路徑18→路徑17→路徑15→路徑16→路徑14→路徑12→路徑11。其中路徑25（Tiphareth–Yesod）屬於陰陽交替運作中必經的中柱過渡區域，該路徑也與路徑27相互疊加，而上方的路徑19與路徑13依此同理。之後則是繼續上升，這裡也解釋了《生命之樹卡巴拉—西方神祕學的魔法根本》一書中作者提及的，當上升到路徑25時，路徑不是按照編碼順序所進行的原因。關於該路徑祕傳學標題的解讀，相關著作均從月亮與潮汐的關係進行詮釋，此處筆者是以路徑質點本質，以及能量在生命之樹結構的升降運作這一角度，來作為分析基礎，所以這部分論述屬於個人研究觀點，且供讀者參考。

在《光輝之書》的文本內，對於該字母的討論是置於字母 Shin 之中，其描述為：「畢竟汝（此指 Shin）是『虛假』（Sheker，即 falsehood）一字的組合字母之一，這個字只有在汝受到 Koph 及 Resh 吸引相伴時才會存在。」依質點角度來看，文本的描述應當是側重在路徑 Koph，所顯現出的能量沉降的單向流動過程，是源於超凡區域的創世之光，隨著造物的下行軌跡流經至 Koph 時，在其包含的 Netzach 動態推動下，最終被隱沒於 Malkuth 陰暗的物質限制之中，這也使 Koph 於文本中被歸屬「邪惡」的方面，所以它與 Resh 一起緊貼於字母 Shin 一旁時，使得「全能」的 Shin 也未被上主選取作為創世之首，而在文本末段，上主更是揭示：「然而 Koph 及 Resh 是屬於邪惡方面的字母，它們會形成『陰謀』（Qesher，即 conspiracy）。」而 Koph 更成為了 Qesher 這個負面詞組的首個字母，所以筆者認為，這應是其本身隱含的負面導向，使字母 Koph 沒有出現在懇求創造的行列之中。

路徑 30 Hod-Yesod
（收集的智慧）

《形成之書》：第三十條路徑稱為收集的智慧，之所以如此稱呼，是因為占星家依它而得出對星辰，天象的判斷，並依照其方法規則，使該科學達到完美的程度。

《光輝之書》：接著字母 Shin 走上前去，懇求道：「世界的主啊，願您可以允許我來開啟對這世界的創造，因為我是您的聖名 Shaddai（該詞為 Amlighty，意為全能者）的起始字母，用這個聖名來創造世界是最為合適的。」於是，祂回應她說：「妳是具有價值的，妳是很好的，妳也是真實的，但我還不能夠以妳來開啟對於世界的創造，因為妳是組成 Sheker（該詞為 falsehood，意為虛假）一詞的字母之一，Sheker 若要存在，則離不開字母 Koph 和 Resh，而將妳拉入它們的行列之中。因此，一個謊言若要令人信服，必要以某種真實的事物作為開始，Shin 是代表真理的字母，是先祖們與神溝通時的字母，但 Koph 和 Resh 屬於邪惡一方的字母，為了可以立足穩固，它們便拉攏 Shin，從而形成了 Qesher（該詞為 conspiracy，意為陰謀）。」聽完這一切之後，Shin 便離開了。

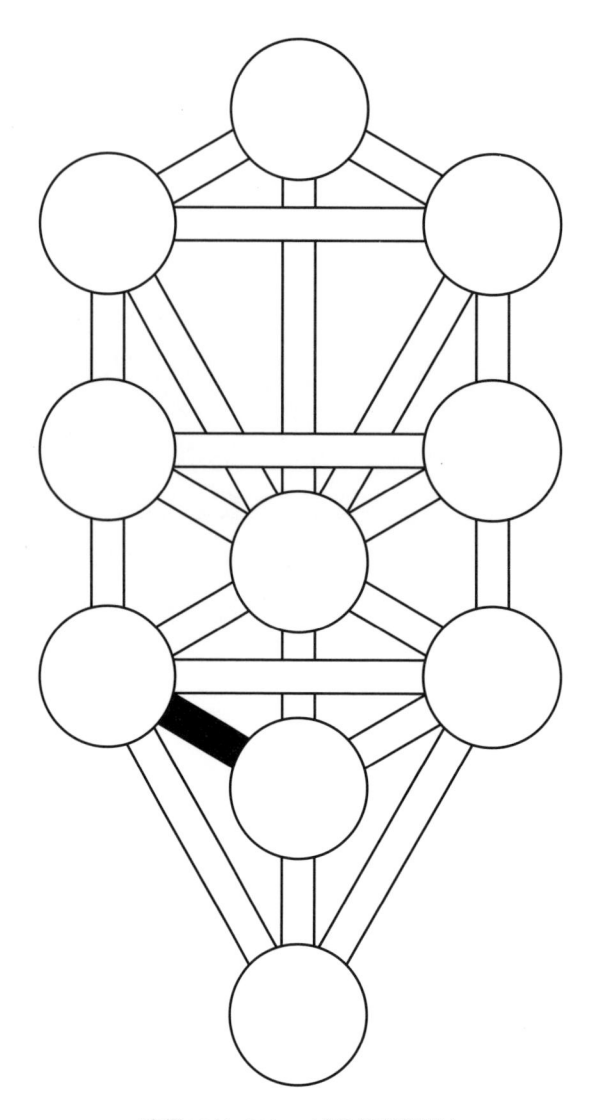

路徑30 Hod–Yesod（收集的智慧）

字母：ר Resh（頭）
祕傳學標題：世界之火的主宰
塔羅牌：太陽

　　路徑30在生命之樹的對應中，被分配於質點Hod-Yesod，其創造工作是藉由陽性勢能Chokmah原初的發動，從而展現閃電下降的互動傳輸過程，並於聖樹中各質點散射出之能量影響，流經至此路徑時，在陰性質點Hod的影響下趨向於細化的狀態，且隨著沉降的下行路線而匯聚至中柱的Yesod之中，兩者所形成的遞進式連接關係，也間接呈現能量經由陰陽互動的極性運作關係，最終則趨向集合協調狀態的造物階段。所以《形成之書》將該路徑定義為「收集的智慧」，在文本中，是以占星學的角度對其進行描述：「是因為占星家依它而得出對星辰、天象的判斷，並依照其方法規則，使該科學達到完美的程度。」

　　相對於路徑30所關聯的質點，Yesod是個體低我意識層次的能量匯聚點，而Hod是對應於理性思維的部分，文本中所記述的占星方面的推算過程，也可間接反映出質點所賦予的能量作用。在生命之樹的結構內，同樣包含著與古占星元素之對應，其行星的排列分布由質點「Binah-土星」開始，依次交互順行為：「Chesed-木星」、「Geburah-火星」、「Tiphareth-太陽」、「Netzach-金星」、「Hod-水星」、「Yesod-月亮」，如此便形成一個完整的行星運行軌跡，在古占星的整體構架中，還配有了黃道十二宮系統，在生命之樹的質點對應中，它被歸屬於質點

第三章 —— 二十二條路徑　153

Chokmah，而在與行星的實際推衍過程中，黃道帶是整個星盤穩定的能量存在，這也反映出火性的 Chokmah，是創造工作中那個貫穿整個生命之樹背後的穩固動能所在，筆者認為，這應當是路徑的祕傳學標題「世界之火的主宰」所隱喻的深意。

　　路徑 30 處於形成世界的末梢位置，而這一遞進銜接的存在，正是圓滿了質點 Chokmah 至 Yesod 的各極性能量之間所構建出的整體完備的創造流通機制，而此創造結構也正可與黃道帶（星座）及行星所匯集而成的占星系統相類比，所以也使得兩者之間促成了較為契合的結構對應關係。

　　分配於路徑 30 的希伯來字母 Resh，意為頭，它位於人體的頂部，是人最重要的指揮器官「腦」的所在地，它掌管著思維及情感層面，可匯集眾多的感官訊息，而後予以相應的整合處理，在通過其指令的傳輸，便能對個體進行協調控制，此也正與該路徑的質點能量關聯相應和，也因為頭（腦）的存在，使得人身的各個器官系統構成一個有機的運作整體。在《光輝之書》的描述中，字母 Resh 與 Koph 互為相伴（包含 Shin），從而形成文本所提及的詞組「Sheker，即 falsehood（虛假）」和「Qesher，即 conspiracy（陰謀）」，字母 Resh 在兩者之中皆處於末尾的位置，其前方的 Koph 顯示了詞組的主要效應，而 Resh 也因為包含了 Yesod 的基礎能量支撐，使其在 Koph 後方建立了一個穩固的能量支柱，至此兩者共同構成了一對負面趨向之邪惡組合，所以和字母 Koph 一樣，Resh 也沒有出現在懇請創世的行列之中。

路徑 31 Hod-Malkuth
（永恆的智慧）

《形成之書》：第三十一條路徑稱為永恆的智慧，但為何如此稱呼它呢，是因為它按照正確的循序，調節太陽和月亮的運動，使其各自都在適合它的軌道上。

《光輝之書》：接著字母 Shin 走上前去，懇求道：「世界的主啊，願您可以允許我來開啟對於世界的創造，因為我是您的聖名 Shaddai（該詞為 Amlighty，意為全能者）的起始字母，用這個聖名來創造世界是最為合適的。」於是，祂回應她說：「妳是具有價值的，妳是很好的，妳也是真實的，但我還不能夠以妳來開啟對於世界的創造，因為妳是組成 Sheker（該詞為 falsehood，意為虛假）一詞的字母之一，Sheker 若要存在，則離不開字母 Koph 和 Resh，而將妳拉入它們的行列之中。因此，一個謊言若要令人信服，必要以某種真實的事物作為開始，而 Shin 是代表真理的字母，是先祖們與神溝通時的字母，但 Koph 和 Resh 屬於邪惡一方的字母，為了可以立足穩固，它們便拉攏 Shin，從而形成了 Qesher（該詞為 conspiracy，意為陰謀）。」聽完這一切之後，Shin 便離開了。

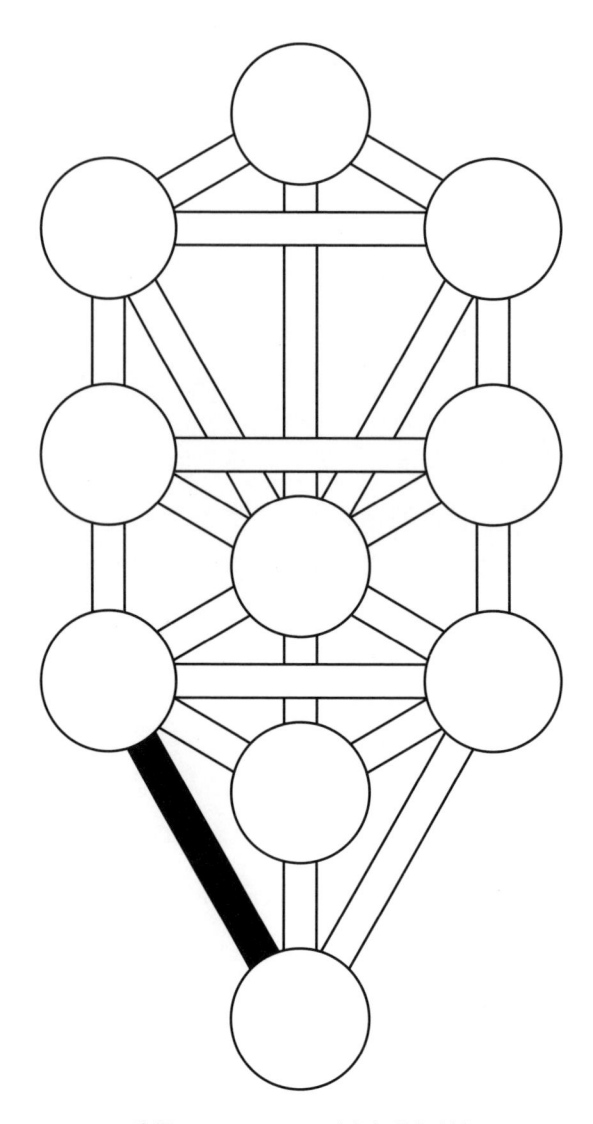

路徑 31 Hod–Malkuth（永恆的智慧）

156　卡巴拉生命之樹解密

字母：🔥 Shin（火）
祕傳學標題：原火之靈
塔羅牌：審判

路徑31在生命之樹的對應中，被分配於質點Hod–Malkuth。

創世能量在超凡區域質點Binah的陰性勢能作用下，受到原初的形限影響，隨著造物工作引發的沉降軌跡，在到達嚴厲之柱底部的終點Hod時已趨細化，而它的出現，也標誌著形成世界及其上的所有極性質點的循序對稱運作已告完成，至此也會趨向最終的平衡調節，從而顯現出Malkuth這一物質區域。此處筆者認為，透過路徑31在創造中的位階，可間接反映出，持續運作的極性互動模式，以及存在於其中的那永恆不變的神性平衡效應，正因為這樣，《形成之書》將該路徑定義為「永恆的智慧」，而文本中也藉以象徵二元極性作的星象關係，給予了相應的描述：「是因為它按照正確的循序，調節太陽和月亮的運動，使其各自都在適合它的軌道上。」（這當中所出現的太陽–陽及月亮–陰一詞，筆者認為，或可以站在二元極性的角度來進行相應的理解）。

在閃電創造的運行順序中，是以包含初始陽性機能Chokman的路徑11，作為第一釋放連接的，而在討論路徑路徑29時，提到了在能量進行回流溯源時，必是站在脫形的基礎上，以先陰後陽的次第，依次完成回升，而路徑31正是該過程中，包含陰性質點的首個能量連接，它也可類比頂端造物工作的起始，即路徑11所反映出的原初之火的相應

影響，此處筆者認為，這也或可謂是該路徑的祕傳學標題「原火之靈」所要隱喻的深意，由於該標題是個較為偏向神學及宗教化的名稱，所以筆者以上觀點僅供讀者參考。

　　結合路徑的質點關聯，這也與Malkuth之天使團聖名「火靈」互為契合；分配於路徑31的希伯來字母Shin，意為牙，它也是字母表中三個母字母之一，是創世三元素之中「火」的對應，而其字母的書寫形態也猶如正在燃燒的火焰，在人體的生理結構中，「牙」也是機體中最為堅硬的咀嚼器官，猶如火的躁動燃燒，亦可使物質趨向崩解殆盡一樣，一切食物必須先經過牙齒初步的消磨咀嚼過程，才可以完成結構上的分解，從而進一步的消化吸收，並將之轉化為生命所需的熱量，而透過「牙」所呈現出的——由整體至精微的衍變過程，也與上文所述路徑31的質點關聯效應相呼應。

　　上主所釋放的創世之光，在路徑Shin的通路中，以其精微的形式得到了充足的顯現，所以在《光輝之書》的文本中，該字母在懇求創世時將其本身自述為：「因為我是您的聖名ShaddaI（意為全能者）的起始字母。」且路徑Shin也間接地反映出，在構成最終的物質世界之前極性所要達到的對稱完美狀態，所以文本中上主對字母Shin的肯定描述是：「而Shin是代表真理的字母，是先祖們與神溝通時的字母。」只是該路徑處於底層位階，並且緊鄰具有邪惡影響的字母Koph及Resh，這兩者貼附於Shin一旁，使其受到相應的纏縛干擾，從而形成了「Sheker，即falsehood（虛假）」和「Qesher，即conspiracy（陰謀）」等負面效應的詞組，也因為這個種影響，使得上主最終沒有選擇Shin來履行創世之舉。

路徑32 Yesod-Malkuth（管理的智慧）

《形成之書》：第三十二條路徑稱為管理的智慧，之所以如此稱呼，是因為它指導和關聯了七個行星的所有運作，甚至所有行星都按自己適當的路線進行運作。

《光輝之書》：字母Tau走上前懇求道：「世界之主啊，願您在創造世界時將我置於第一位，因為我是刻在您印記上的Emeth（該詞為Truth，意為真理）一詞的尾端字母，看到您由此被稱為Emeth（真理）這一名稱，因此對您來說，以Emeth（真理）一詞的最後一個字母開始創造世界，是再適合不過的。」神聖的主，祂是被讚頌的，對她說道：「妳確實是值得的，但通過妳來開啟世界的創造並不合適，因為妳注定要作為標記，出現在那些忠誠之人的額頭上面（參見〈以西結書9：4〉），他們從Aleph到Tau均會遵守律法，而沒有這個標記的其他人，將會被屠戮。此外，妳也是Maweth（該詞為Death，意為死亡）一詞的結尾字母，因此妳不適合用來開啟世界的創造。」

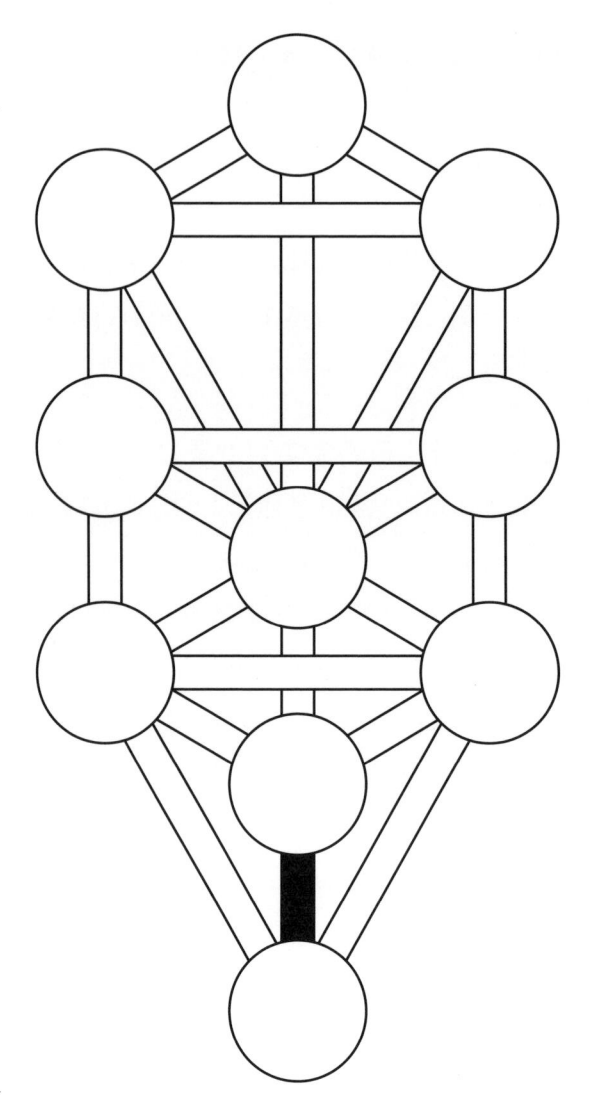

路徑 32 Yesod–Malkuth（管理的智慧）

字母：ת Tau（十字、十字架）
祕傳學標題：偉大的時間之夜
塔羅牌：世界

路徑32在生命之樹的對應中，被分配於質點Yesod–Malkuth。

神聖的創世之光在陰性質點Binah的影響中，趨向逐漸形化的過程，並由此處奠定了造物工作的實質性展開，而在閃電下降的曲線軌跡中，創造的運作也依循著極性互動的往復原則，當處於中柱底部的質點Yesod時，上方存在的各極性關係，因其合併校驗的調和性質，而被引導至對稱且穩定的平衡狀態，從而顯化出終極的物質世界Malkuth。

透過路徑32的質點遞進關係，也反映出藉由生命之樹的頂點Kether所化現的陰（水）陽（火）兩柱的陰陽創造勢能，最終也必在神性中柱（風）的統理作用下而趨向合一。所以在《形成之書》中，將該路徑定義為「管理的智慧」，其所給出的詮釋：「是因為它指導和關聯了七個行星的所有運作，甚至所有行星都按自己適當的路線進行運作。」此處所涉及的占星描述，筆者認為，應當是文本藉由七顆行星[10]而隱喻出的，由Binah至Yesod的七個質點，而在生命之樹的結構中所形成的極性互動的運作模式，最終是趨向平衡狀態的行動路線。

---

10. 乃指占星中的七行星：土星、木星、火星、太陽、金星、水星、月亮。

被動限制的陰性質點Binah，是創造工作形化至物質層面的起始點，能量也基於此黑暗「上位之母」的原初形式，才完成後續各極性關係遞進式的沉降進化行程，繼之在聖樹基底，以沉重限制的物質結晶Malkuth（下位之母）作為其最後的形限結果，在本書首章介紹火焰之劍結構時提到，它或可稱作是生命之樹系統中一種時間序列模式，創造工作從陽性一側啟動，循環往復，而其中陰性特質的Binah，正是該時間流中重要的形化起始處。在結合上述推論後，筆者認為，這或許是路徑32的祕傳學標題，之所以為「偉大的時間之夜」所蘊含的重要意義。

　　分配於該路徑的希伯來字母為Tau，意為十字（或十字架），於該路徑所涉及的質點Malkuth中，各元素的性能特質已通過所屬的不同物理現象予以相應呈現，在質點Kether純粹同一的神性狀態中，因創造工作尚未展開，所以元素彼此之間相互融合，但是伴隨著極性勢能的裂變，以至於底層的Malkuth在顯化時，各元素的極性特質均沉進至密度較高的物質層面中，從而具現出火（陽）—水（陰）、風（陽）—土（陰）四個交叉互立的性象對稱形式，這種元素的分化狀態，也可從字母的「十字」含義中彰顯出來。

　　字母Tau（路徑）是神聖創造工作的最終產物，它是處於生命之樹最底層的位階上，以物質形式含藏著源自超凡區域的Kether那絕對存在的同一神性，所以《光輝之書》中該字母的自述為：「因為我是刻在您印記上的Emeth（意為真理）一詞的尾端字母，並且看到您由此被稱為Emeth（真理）這一名稱。」路徑Tau的呈現同時也反映出了，生命之樹

由上至下的各極性關係都是依循中柱所主宰的神性平衡原則，反之則違背了創造的規律，所以文本將之描述為：「因為妳注定要作為標記，出現在那些忠誠之人的額頭上面（參見〈以西結書9：4〉），他們從Aleph到Tau均會遵守律法，而沒有這個標記的其他人，將會被屠戮。」此處律法的詞組Torah之首字母即是Tau，而Tau的確立也標明物質的形成，這同樣意味著限制的產生，由此則衍生出束縛、困陷、消殞、死亡等極為消極的負面能量意涵，這也可以由字母的十字架含義而彰顯出來。

　　結合以上論述，便能間接理解文本中所記述的「此外，妳也是Maweth（意為死亡）一詞的結尾字母」之含義，上主應該也是考慮到，該字母本身本具的負面影響，因此沒有同意Tau作為創世字母的懇求。

第4章

關於預測

十九世紀末期，在金色黎明會諸多前輩的努力下，構建出了包含生命之樹在內的塔羅牌系統，並催生了大眾所熟知的，由亞瑟・愛德華・偉特（Arthur Edward Waite）為主流的卡巴拉塔羅牌系統。之後，是另一位著名成員阿萊斯特・克勞利（Aleister Crowley）與芙瑞妲・哈里斯夫人（Lady Frieda Harris）合力完成了另一重要卡巴拉系統套牌──托特塔羅。兩位金色黎明成員也都出版了相關的書籍，用來詮釋自己的套牌，從這之後，還有諸如羅伯特・王等前輩陸續出版的相關系統套牌及書籍。

　　然而，筆者在查閱這些前輩們的著作時，發現關於卡牌和生命樹之間在預測方面深入探討的內容並非很多，當然了，就相關知識的傳承上來說，他們付出了巨大的努力，然而在卡牌預測與生命之樹系統相關的論述與理論研究方面，其實還存在著可深入探索的部分。只是筆者在日常研究和占算時，也缺乏能引證、查找、參考的理論實踐資料，就近代出版的相關資料，大多是以與內修、冥想、魔法等有關之書籍，而在中文世界的西方神祕學書籍中，同樣也是這一類著作為主。

　　有鑑於此，筆者在平日的預測工作中，則採取有別於常規卡牌預測模式的方法，以生命之樹結構體系，作為卡牌預測的理論指導依據，而限於無法獲取更多前人的寶貴經驗，只能在平時的預測積累中逐步推敲其中規律，所以在本章末尾附有筆者總結的預測原理簡析及相應闡釋，並且在其上列舉案例五則，以供讀者能夠透過個案分析，更加清晰的認識生命之樹系統對於卡牌預測的指導作用。也許筆者所得到的這些經驗

總結，不足以填補當下以生命之樹系統為預測理論基礎的空白，但也希望可以起到一個拋磚引玉的作用，作為更多初識該系統的人或正在從事研究的同道中人一個可參考的依據。

案例五則闡述

為了讓讀者能清晰的理解這個系統對預測上的指導作用，以下挑選本人所經手的五則案例，其中包含了每張卡牌與生命之樹結構的相互對應，以及較為細緻的推衍分析過程，書寫格式原本預想以「問—答—分析」的線性方式進行表述，但在預測時，筆者是一方面告知占問者解析判斷思路，一方面也梳理判定結果，所以，案例全文，筆者的最終考慮以保留原有的交流樣貌以示讀者，其中在分析案例時，對於思路的解讀有礙於當時的客觀因素而未完全交待於占問者的，這裡也一併完整的記錄，若此處有表述不到之處或有存在瑕疵的地方，也敬請讀者諒解。

案例一：

二〇二三年十二月七日台灣的張女士受其友人委託抓牌求問，而本例是當事人使用托特牌自行取牌占問（如圖J）。

當事人欲詢問的事情是，能否在次年晉升為組長？

依照所抓的牌組，我們將其轉換為各質點如下：

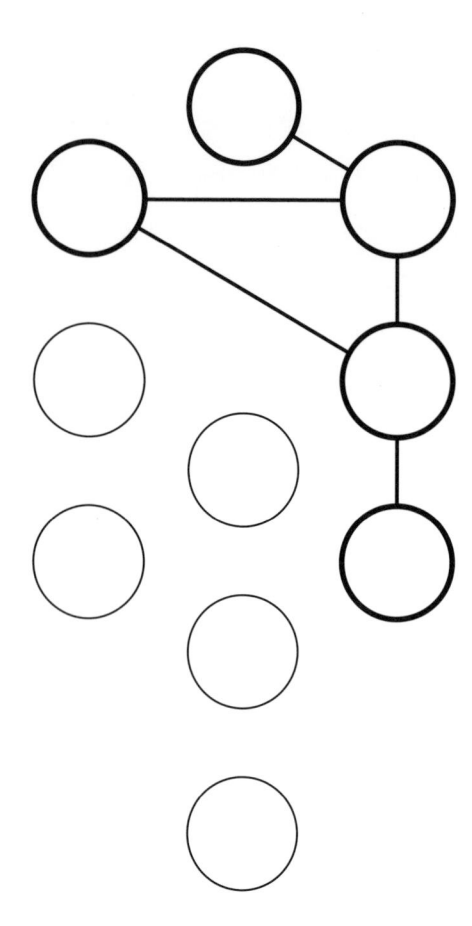

聖杯7　寶劍4　寶劍3　聖杯3　圓盤國王　權杖1

圖 J

權杖 1	Kether
圓盤國王	Chokmah
寶劍、聖杯 3	Binah
寶劍 4	Chesed
聖杯 7	Netzach

看到該牌組的構架，我首先關注的是天界三角的尊位顯化，思忖此人若依照質點的能量呈現，案主應當有往高階升遷的趨向，只是具體情況還要結合諸多因素一併考慮，該牌組雖然出現了對應創造世界的 Chokmah 及 Binah，但垂直於這對陰陽極性的下方（中柱），並未出現 Tiphareth 及底層的 Malkuth，所以四聖名的化生模式並未全然展現，同時牌組中也出現質點 Chesed 及 Netzach，但原局缺少陰性質點 Hod 及 Geburah，這使得 Chokmah 及 Neztach 無法組成反射的能量下降路徑，雖然 Binah 與 Chesed 可構成一半的反射銜接，但因未出現中柱的 Tiphareth，使得這個組合不能間接構成趨下的能量引導。以此來看，兩大結構均未構成具足的能量創生條件。但這裡的質點在生命之樹的上部顯現是，依託於聖光及創造世界的三條閃電遞進路徑，加之陰性及中柱的勢能各別僅佔一點，而陽性之柱一側涉及形成世界的三個質點全部顯化，這也使牌組的能量由頂部閃電流動，透過純粹的陽性之柱貫穿上下三個世界層級。

依據以上分析，這個事件本身所蘊含的推進動力是較為強大的，所

以筆者隨即告知張女士：牌組中所反映的能量流動結構雖不具足，但是僅有的閃電通路及陽性之柱的純然極性，是推動整個事件的能量所在。所以我的判定是，其友人可以藉由這次升職機會順利獲得組長的職位。

直至當月二十七日，張女士與我聯繫，告知事情與所預測的結果一樣，其友人已提前得知自己順利升職的消息，預計於次年元旦經由公司系統公布。

案例二：

筆者於二〇二三年大致完成了新書的定稿，而後向多家出版社寄送了書籍的合作申請，希望此書可以儘早出版，但期間僅有少數出版商回覆，在與商家交流的過程中得知，當下出版現狀不甚樂觀，所以多建議以自費形式出版，但其費用較高，筆者也因此將投稿暫行擱置；直至十二月初，筆者收到商周出版社何總編有意合作的回覆信件，於是隨即抓牌進行占問，是否能與其順利合作？

本例是自己使用密教塔羅牌自行選取四張牌占算，（如圖K）。

這裡我們將卡牌轉化為相對應的質點關係，如下：

皇帝————————Chokmah–Tiphareth

寶劍皇后——————Binah

聖杯6————————Tiphareth

聖杯4————————Chesed

| 皇帝 | 寶劍皇后 | 聖杯6 | 聖杯4 |

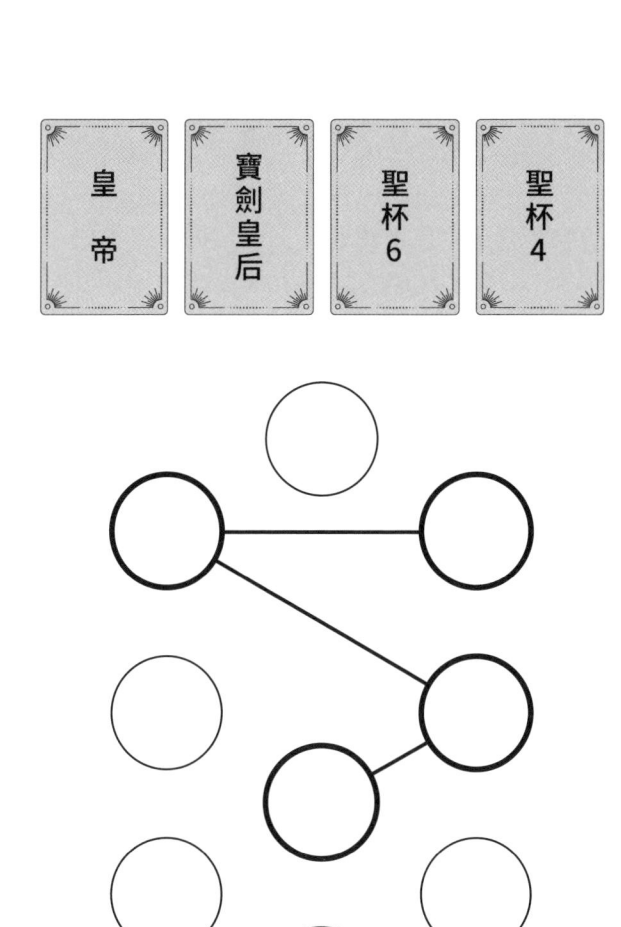

圖K

第四章 —— 關於預測　171

首先，該牌組都顯示出三柱上相應的質點，雖然未見對應於Malkuth的卡牌（或兩見Binah），但Chokmah、Binah及Tiphareth仍基本組成了四聖名字母的「半整局」化生結構，且牌組中又出現質點Chesed，這使其陽性一側的推動勢能較大於陰性一側的限制影響，雖然牌組中未出現質點Hod，但Binah與Chesed構成這三點的反射連接的上半部，所以質點Tiphareth的存在，也間接完成能量趨下的導引流動銜接，而上層區域也顯化出，由Chokmah至Chesed的兩條跨層級的閃電流動路徑。

　　根據以上訊息，可得出大致的判定，即筆者與商周出版社是可以達成相對順利的出版合作；由於本書是筆者獨立完成的第一本著作，一時也急於書的出版問世，只是未知能否盡快完成，而依牌卡的訊息不難發現，在牌局中所呈現的反射連接並未俱全，它是與兩條閃電連接共處在上位，這即反映出能量具化上的不足，而陽性能量的穩固推進，最終落到了Tiphareth之上，使其整體運作維繫在生命之樹的中部運化層次上，加之Tiphareth出現兩次，突顯了中柱平和調節的性質，於是依據以上出現的訊息反應，筆者推斷有關書籍後續推進工作，是不會在短時間內完成，而會是以平穩趨緩的運作方式來進行。

　　於是我隨即回覆希望合作的意願，之後順利完成了合約的相關事宜。至於後續的出版過程及進度，的確與本人對牌組所作出的基本分析判定吻合。

案例三：

二〇二二年十二月，台灣的林女士因事自抽牌求測，本例是當事人使用托特牌自行取牌占問，（如圖L）。

當事人依此牌陣詢問：「我有一套房產計畫出售，不知道是否可以順利賣出？」

這裡筆者根據上圖所展示的塔羅牌組，再依生命之樹的質點對應，可以得到以下結果：

圓盤8————————Hod
圓盤3————————Binah
寶劍公主——————Malkuth
圓盤騎士——————Chokmah
教皇————————Chokmah-chesed

首先在質點陰陽極性的劃分上來看，這些卡牌包含了陽性（仁慈）之柱以及陰性（嚴厲）之柱的雙重影響，但陽性一側的力量干預略大於陰性的一側，即牌中兩見Chokmah（火）的初始推動力，加上下層世界原初的擴展勢能Chesed（火中水），這就反映出事件狀態具備略強的推動性質，同時此二者加上陰性質點Binah，構成了由創造世界趨向形成世界的兩條閃電路徑，即「Chokmah-Binah」及「Binah-Chesed」。

據此，我告訴林女士：「房屋的交易事宜會向前推動，趨向談合，

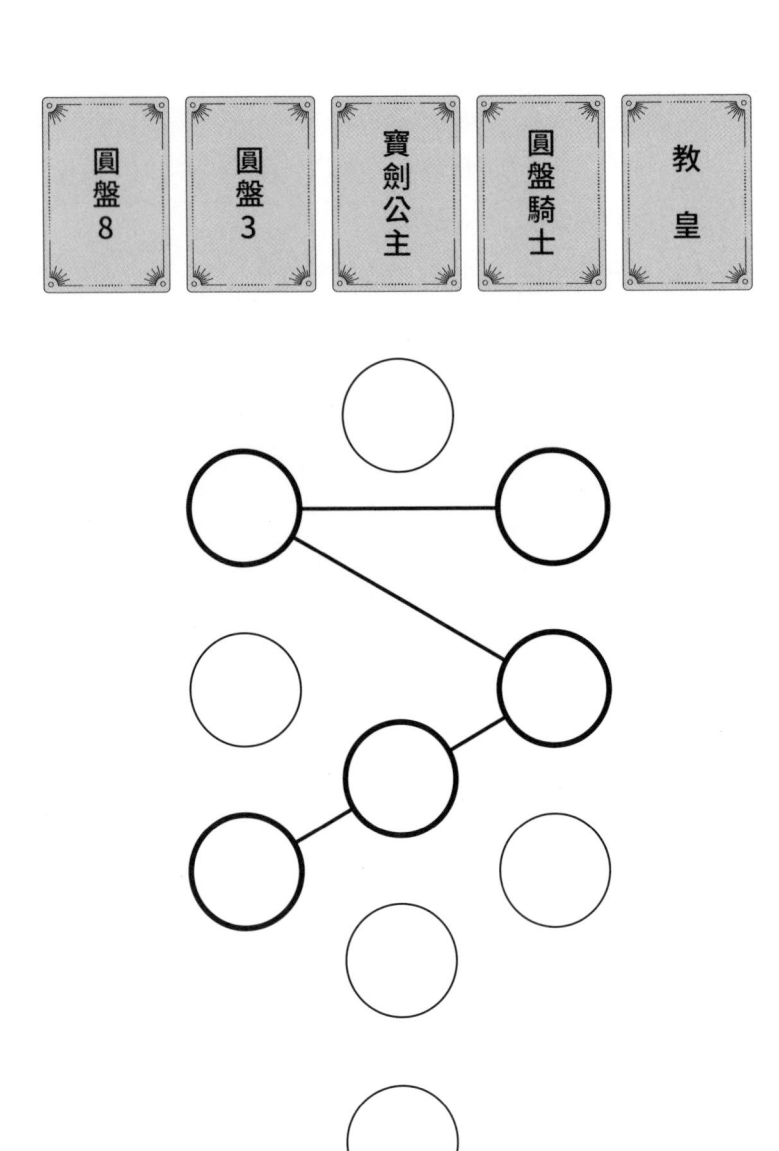

| 圓盤8 | 圓盤3 | 寶劍公主 | 圓盤騎士 | 教皇 |

圖L

並且這期間應當會有相關新政策的出現。」

林女士回答:「是的,眼下將要有一個房屋的政策出台了,對房屋出售會有很大阻力,這是否會影響房子的交易呢?」

依據牌組,我繼續分析道:「因為牌組中出現了兩個陰性質點Binah和Hod的顯化,這指向了事件本身會出現被該極性的阻滯、拖限等相應影響,但這個牌組的能量是陽稍大於陰的,且在整體的質點能量運作中,Chesed與圓盤三所屬的Binah和圓盤八的Hod組成了由上至下的反射創生路線,而這組能量路徑也相應的彌補了質點Chokmah、Binah及Malkuth,因其缺少中位轉輸質點Tiphareth(對應字母vau),所以未組成完整四聖名字母化生結構之缺陷。依據以上資料滙總,再結合對應於物質世界的質點Malkuth,我的判定是,房屋交易最終趨於實質且成熟的落地結果。」

林女士隨即詢問,可否再看一下,房屋若能賣出,大致會落在何時?

我叮囑林女士,在四月份前後留意一下相關的交易資訊。

直至二〇二三年四月二十七日,林女士傳訊,且依次發給了我兩個牌陣,看能否判斷出兩個買家中,會是哪一個最終完成了交易,(如圖M、圖N)。

第四章 —— 關於預測　　175

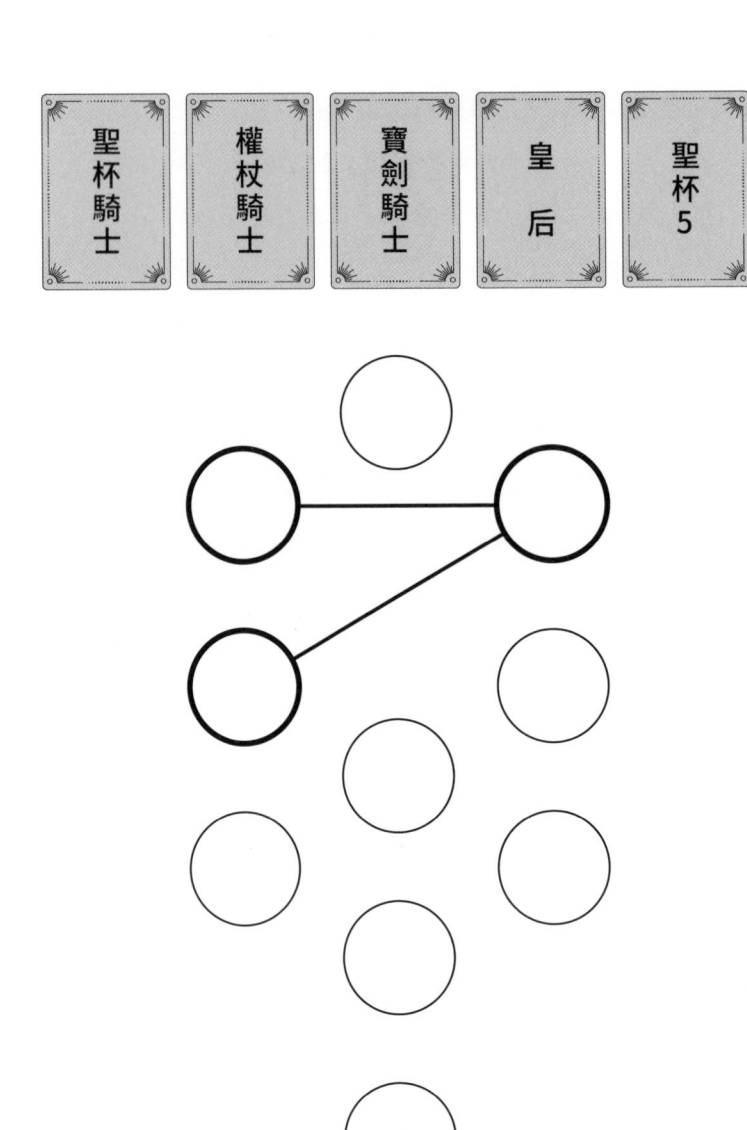

| 聖杯騎士 | 權杖騎士 | 寶劍騎士 | 皇后 | 聖杯5 |

圖M

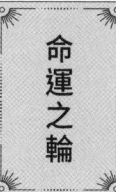

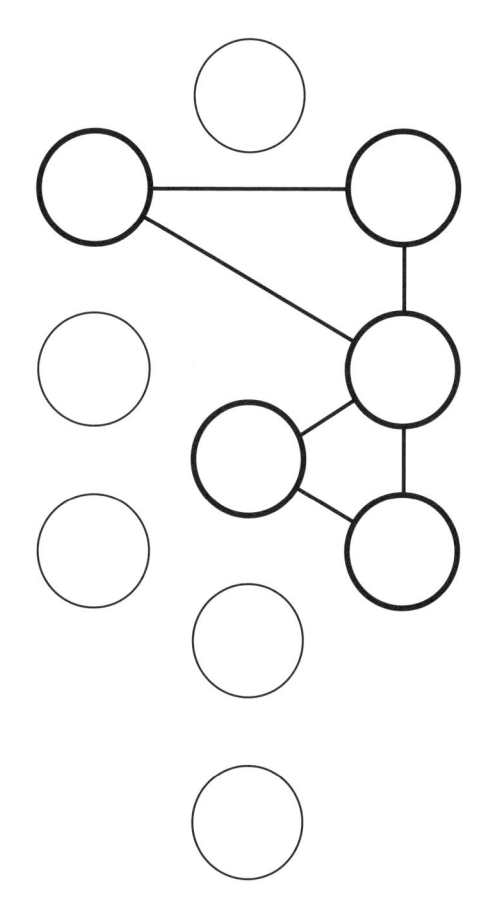

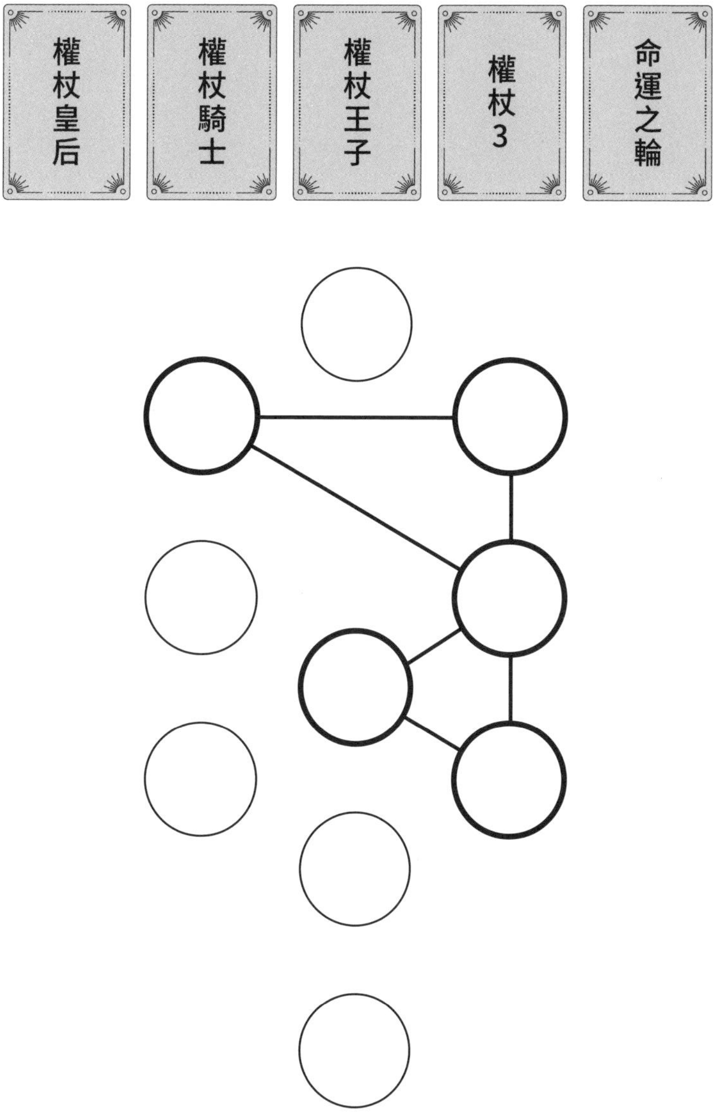

權杖皇后　權杖騎士　權杖王子　權杖3　命運之輪

圖N

第四章 —— 關於預測　177

筆者就以上三組卡牌，依次為林女士作出推斷：
（1）圖M該組牌依質點對應，我們可以得出以下的結果：

聖杯、權杖、寶劍三組騎士————Chokmah
皇后————————————————Chokmah–Binah
聖杯5————————————————Geburah

在圖M這組牌裡，出現了原初陽性質點Chokmah，且皇后牌的路徑所包含的Chokmah–Binah屬於遞進式的質點順生關係，於是筆者依此告訴林女士：「這組買家對你的房子是很有興趣的，有購買衝動，因為Chokmah這裡所屬的初生陽性力量過多，也就是萌動勢能偏盛，其中又同時有陰性Binah的順接影響，兩者的關聯組成了上位的初級極性互動法則，但由於處在高位，且能量還不是趨向具象細化，這表明此買家對房子的興趣，最多轉成一種形式上口頭的或是書面協議而已，加上牌陣中又出現陰性的質點Geburah，它也是該組牌中最終的落點影響，這反映出能量會逐漸被陰性勢能瓦解，消耗殆盡，同時質點Chokmah–Geburah–netzach會構成折射的能量下降連接，且此牌組中在形成界下方的Netzach也未出現，也就是說，這個買家多半是無法達成合作。」

林女士回覆說：「沒錯，我們雙方是迫切要達成合作協議，但是因為買方著急出國，所以就沒有下文了，雖然當時口頭上是應允可以的。」

（2）圖N該組牌依質點對應，我們可以得出以下結果：

權杖皇后————————Binah
權杖三————————Binah
權杖騎士————————Chokmah
權杖王子————————Tiphareth
命運之輪————————Chesed–Netzach

看到這組卡牌時，我直接告知林女士：「如果是我，會在這組牌的狀態中順勢把事情談成。」

林女士回答：「沒錯哦，的確後來是在這一組完成交易，而且很快，四天左右。」

藉此，筆者給出了判斷的依據：該牌組中陽性之柱一側的質點全部出現，其能量推動前進的影響大於陰性一側，且陰性的質點Binah與下方的Chesed，跟中柱的神聖質點Tiphareth與下一質點Netzach，組成了創造至形成世界中的兩條趨陽的遞進式順生路線，能量在Netzach的強力推進下完成能量的傳輸，而牌組缺少質點Hod，但Binah與Chesed組成了三點反射路徑的前半段，其中Tiphareth又間接組成向下導引的能量銜接（此處與案例二類同），同時該牌組中的質點Chokmah、Binah及Tiphareth組合出四聖名字母中的主體構架（其中第二和第三質點也是遞進的路徑連接），相較於林女士第一次問事時出示的牌組，此處沒有出

現Malkuth的質點顯化，但該牌組中的Binah也出現了兩次，這也就反映出了聖名中兩次出現的字母Heh，所以筆者認為，這可以間接補全四聖名的能量組合了，而該牌組陰性勢能的限制影響也相對較小，體現出的是以創造及形成世界間的陽性推動機能為主的能量流動，整組牌的質點分布，大致展現了能量由上至下的創生過程，這也是我之所以斷定，該牌組是很適宜談成合作的買家。

林女士再又告訴我，其實還有第三個買家，但房子已經談成了，這個也就不去談了。不過，她仍傳給了我針對第三個買家所抽得牌組（如圖O）。

（3）圖O該組牌依質點對應，我們可以得出以下的結果：

聖杯公主————————Malkuth
圓盤王子————————Tiphareth
聖杯九—————————Yesod
魔法師—————————Kether–Binah
權杖騎士————————Chokmah

針對這個牌組，筆者給林女士的推斷是：「這組牌完整的出現四聖名字母的創生架構，依據它本具的性質，應該可以順利完成交易的，但問題是牌組中同樣呈現全部的平衡中柱質點，也就是Kether、

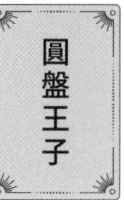

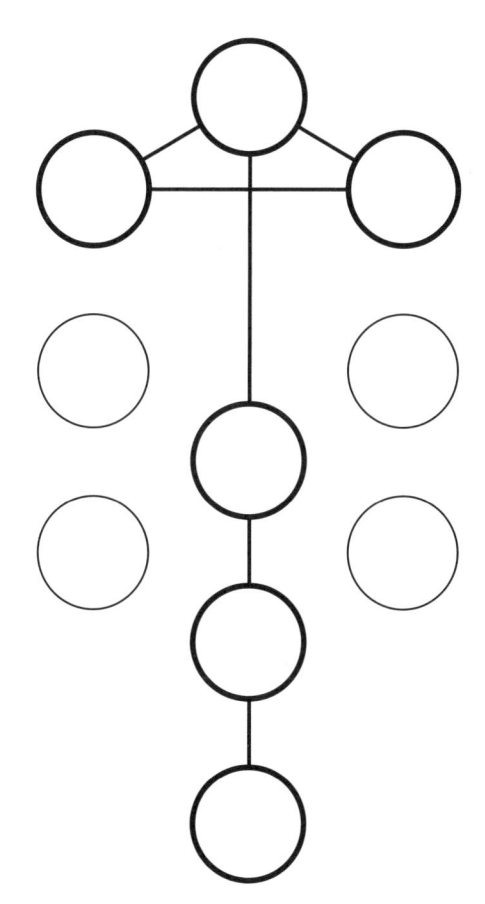

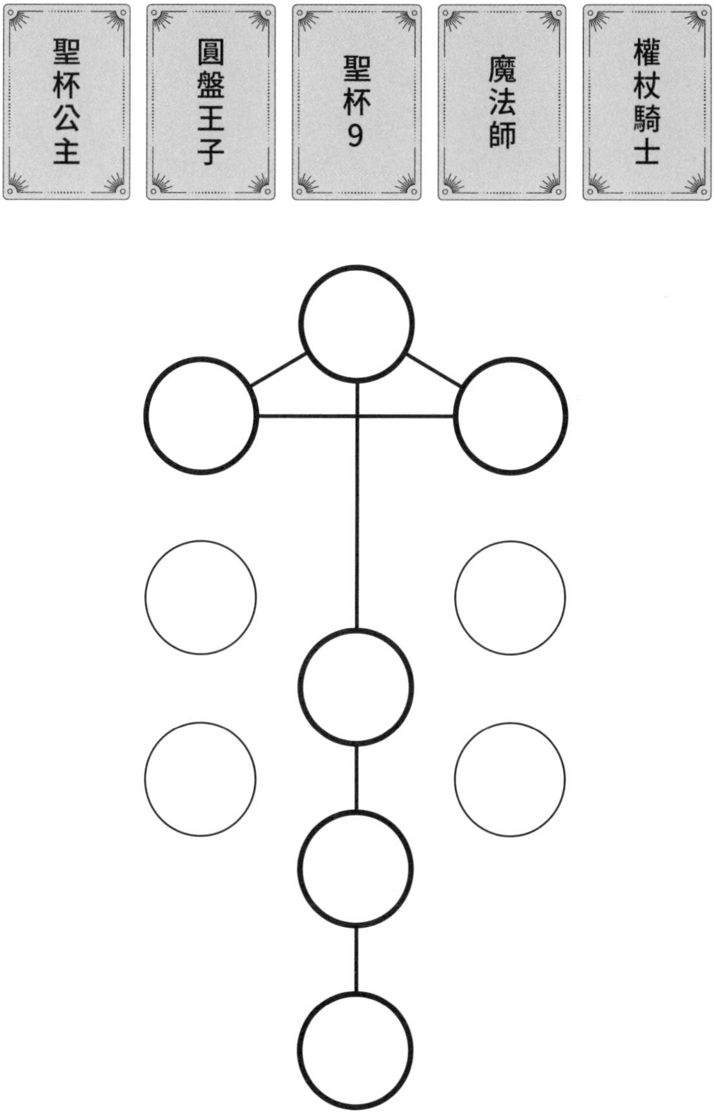

| 聖杯公主 | 圓盤王子 | 聖杯9 | 魔法師 | 權杖騎士 |

圖0

第四章 —— 關於預測　181

Tiphareth、Yesod，這便表示，此事的實際運作程度不會很大，因為僅有的一個陽性力量Chokmah位居高位，雖然質點顯化出兩條上位遞進路徑的連接，但因位階及質點本身形化能力不足的特質，加上牌組裡各中性質點過多，將以上表現出的能量創生勢能被中和下來，這也使牌組的能量流動顯化趨向平衡、和緩，亦即不會明顯的體現出運動狀態，可能光有興趣，但無實質行動，也就是說他心裡有意思，但行為跟不上。換言之，事情還沒有深入就被中和掉了。所以，在與這個買家的交易狀態裡，因為這麼多的中性質點，會導致狀態過於平和，或不溫不火與拖沓。」

林女士如此回覆：「是的，這個買家也是托仲介介紹的，當時買家了解房屋資訊後，本來有意要進行深入溝通的，這個買家也遲遲沒有回覆，感覺不了了之了。」

直到筆者完成此案例的文字整理時，也詢問過林女士這個買家的後續情況，得到的答覆是，直到現在買家沒有再聯繫過仲介。

案例四：

二○二三年十一月八日台灣的張女士因事抽牌求測。本例是當事人使用托特牌自行取牌占問（如圖P）。

當事人占問股市（自己託人操盤），年前如果減油加碼是否會賺錢？

我們將牌面的訊息轉為質點的對應，得到如下結果：

| 聖杯2 | 寶劍4 | 圓盤9 | 力量 |

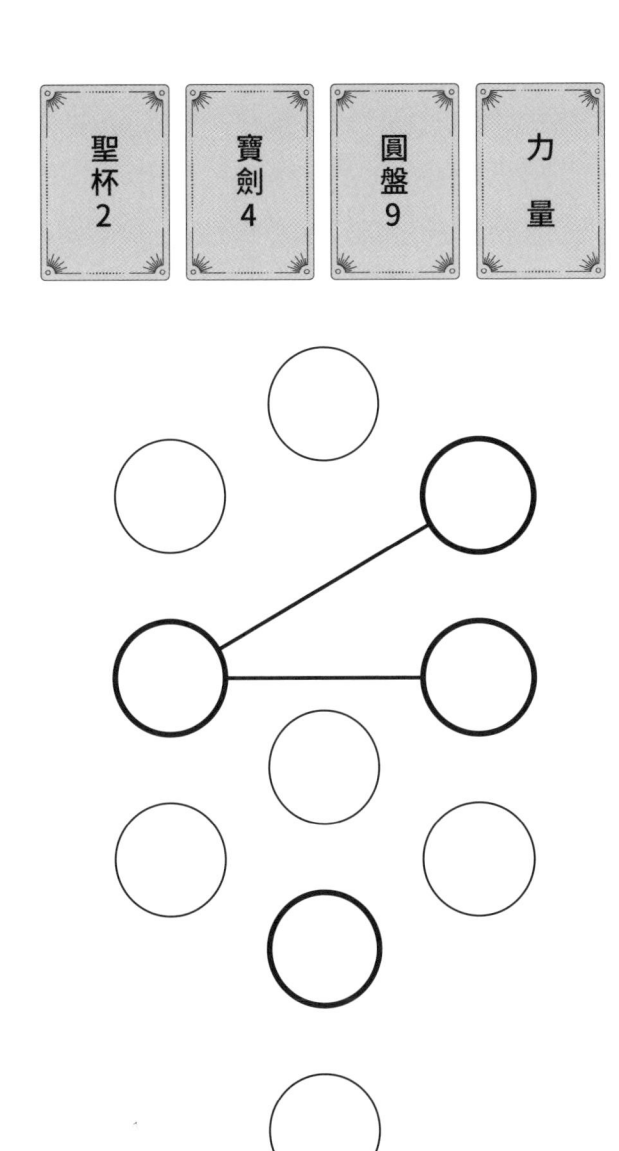

圖P

第四章 —— 關於預測　183

聖杯2————————Chokmah
寶劍4————————Chesed
圓盤9————————Yesod
力量————————Chesed-Geburah

　　該牌組的質點顯化分布於生命之樹的三柱結構上，其中陽性之柱一側的影響略大，即兩見質點Chesed，其整體的能量遞進流動是集中在創造世界及形成世界上部，能量在位階上呈跨越狀態，根據這些訊息，筆者對張女士說：「這個股市目前的操盤流程工作是可以的，也就是這個操作本身運作是沒問題的，它是有流動收益的，而這牌面上反映的這股能量，大致處在生命之樹結構的中上部，而當中力量牌所對應的兩個遞進質點Chesed-Geburah，是該牌組中僅有的一條閃電路徑，且牌組裡缺少了陽性質點Netzach的偏動顯化，致使未能與Chokmah和Geburah組成完整折射的能量下降通路，所以進一步追入大筆資金的那種大進大加的後續推進尚缺。從另一角度來看，在Chesed-Geburah至Yesod之間的形成界區域，並未出現能量銜接的流動，而這其中的質點Yesod，雖然距離其它質點的位置尚遠，但這裡卻是整個牌局最下方的能量顯化點，同樣也反映出中柱即時的平穩性質。」

　　結合這些出現的訊息，我繼續告訴張女士，當下依據質點的影響所示，繼續前進加碼的推動力是不足的，而且這個錢的回流都是維繫在一個小範圍裡，收益不會出現過於明顯的突破，所以，對於計畫跟進以尋

求多賺的這個打算，恐難以實現。

張女士也回覆：「是這樣的。原本操盤計畫是再投入多一些，這樣也許回報會高些，才猶豫是否要加大碼，但因為曾經有過資金上的損失，以及目前股市真的不好操作，所以存在顧慮，結合現有的實際情況，確實還不具備大量跟進的實力，所以僅僅追加一小筆錢，除去要給對方（操盤者）一半的利潤，平均起來，每天也有小賺進帳。」

案例五：

二〇二二年十一月四日，台灣的張女士受朋友委託，抽牌求測。本例是當事人使用偉特牌自行取牌占問（如圖Q）。

當事人提問的是，他所屬單位會不會因為要進行的人事調動，將其調離現在的崗位？

由於這組牌使用的是偉特套牌，其宮廷牌的侍者牌設定與托特等卡巴拉系統套牌存在著不同，所以此處，我將依照托特牌的宮廷人物進行轉換，例如寶劍侍者對應於托特牌寶劍公主，同時也將所有牌轉為質點對應，如下：

寶劍侍者（托特寶劍公主）——malkuth

寶劍國王————————Chokmah

寶劍5————————————Geburah

圓盤3————————————Binah

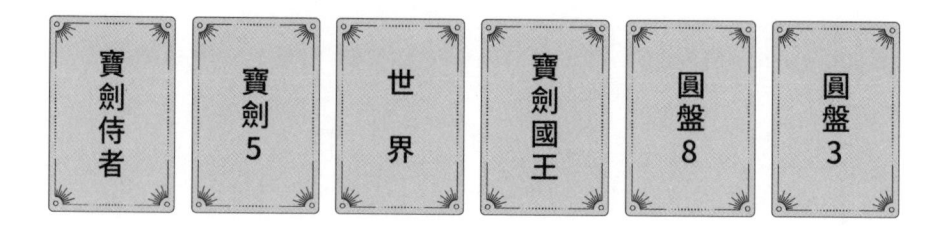

| 寶劍侍者 | 寶劍5 | 世界 | 寶劍國王 | 圓盤8 | 圓盤3 |

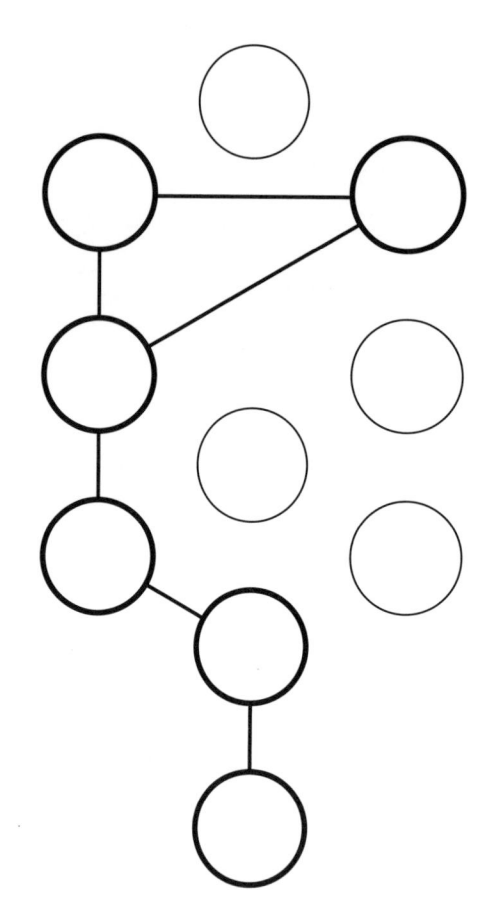

圖Q

186　卡巴拉生命之樹解密

圓盤 8————————————Hod
世界（托特牌宇宙）——————Yesod-malkuth

　　當看到此牌的對應之後，筆者首先判定，張女士的朋友所從事的工作薪資是優渥的，而且她在單位內所處的位階是較高的，而張女士也如此代答：「是的，她是單位的區域主管，薪水是很不錯的。」這是因為，該組牌呈現的是，底層趨向物質世界的遞進式能量流動，即圓盤8和世界所對應的 Hod、Yesod、Malkuth 三個質點，是完成了從形成世界至物質界的轉化，這反應出張女士友人得到的是較好的薪水回報。其次是，牌組出現上層質點 Chokmah-Binah，雖然沒有至尊 Kether 的參與，未能共組天界三角，但這兩者的力量仍構成了萬物創生的創造世界，這也就反應出當事人在單位供職的階層是較高的。

　　至於張女士友人是否會被調離當下的崗位？

　　筆者推斷：「首先若是調離了崗位，這薪水也會和當下差不多。因為趨向物質界的結構完全成型，這個力量是穩固而堅實的，不會因為調動而被消減。」

　　張女士代答：「是的，她如果是被調動了，也僅僅是區域之間的挪動，崗位薪資、工作內容不會有什麼影響。」

　　只是，張女士友人仍擔心，換掉之後要重新面對新的員工和服務對象，這對她來說是比較麻煩和費心的。筆者繼續說：「雖然這組牌從創造界至物質界都相應出現了質點的化現，且四聖名字母的結構也間

接展現出來，並兩見物質結晶 Malkuth，但實則是缺少了中位轉輸質點 Tiphareth，所以該結構是一個不完備的缺損局，這牌組質點的能量，又是以導向陰性的嚴厲之柱一側為多，若依上下結構來看，下層的沉重力量是略勝於上層的輕升力量，而陽性的質點勢能，亦即主動、推進、移動的顯化也是極少的（僅 Chokmah），也就是說，整體狀態被陰性的被動質點圈化住了，同時因為缺少質點 Chesed 的顯化，使得 Binah 及 Hod 不能成功組成左側的反射下降路徑。此外，又因缺少質點 Netzach，導致 chokmah 及 Geburah 僅組成另一條反射路徑的上半段連結，以致於其趨下的能量流動是短缺的，綜合以上的訊息，反映出化生、前進等能量結構均不完整，加之其能量反應，整體是偏向陰性勢能的一邊，筆者判定該單位將當事人調離崗位之行進推動力尚不足，此事就客觀上來看，是不易被執行的。由於當時還不能馬上知道調離訊息，我便叮囑張女士，若當事人收到通知，可以詢問實際結果。

直至十一月二十二日，筆者收到張女士的簡訊，得知單位所公布的消息就跟先前預測的一樣，張女士的朋友沒有被調離現有崗位。

預測原理簡析

以下的簡析僅是筆者在日常使用和研究時所得出的規律心得，得坦言，後續仍需大量的案例分析，以及對生命之樹系統的深入研究，方可逐步完善這一體系的指導理論。

（1）對於事件的占問，在進行完卡牌的抓取後，要優先進行相應整合，也就是完成各卡牌中所對應質點的陰、陽、中三種性質的歸類，將此整合完畢後，再進行各自極性的比例劃分，確定三性的數量多寡，其中包括同一質點重複出現的次數，而筆者在實踐中也發現，在某些牌組內，若中柱質點出現率過大，則會對牌組結構或極性能量產生一定調停干預影響。但由於這一部分內容，尚在研究階段，仍有待未來得出更精細的總結，此處僅供參考。

（2）將「量比」後的卡牌進行極性本質的判定，也就是以多數的極性勢能影響為占問主導，量少的為輔，並且納入質點的反射及閃電路徑的連接能量流動，以及四聖名的字母排序法則和世界層級劃分的相關概念，之後將以上所做的各項工作，對應於預測事件本身的各種客觀訊息來進行整合，從而對所預測的事件完成分析判定。這裡就「閃電路徑」的呈現補充一個重點，是要以兩條及兩條以上位置相臨近的為佳。

筆者在實際的預測過程中，對於四字母生化架構是有相應的分類觀點，也就是凡在牌的質點對應中，如呈現完整的四字母結構，可以稱其為「完整局」，假若未出現Malkuth，但卻是兩見Heh的結構，也可歸類於「完整局」；其次若呈現三個字母Yod-Heh-Vau，僅缺Malkuth，則可稱作是「半整局」；最後，若僅呈現兩個字母Yod-Heh或是缺少了Tiphareth，從而形成Yod-Heh-Malkuth結構，則稱作是「缺損局」。這三大類的劃分在預測時會經常出現，它們在一定程度上，反映出所測之事件不同且客觀的表現，同時筆者也在預測中發現，另一種類似四字母

穩定化生模式的質點結構,即「Netzach-Hod-Yesod-Malkuth」,這一組合也能反映出能量的穩定流動狀態,但因為具備此格局的案例仍屬少數,所以此處僅作簡單提示,供讀者參考。

關於反射連接的能量流動路徑,筆者在預測時也經常遇到,這作為預測中的參考資訊是非常重要的部分,其組成是三個質點所構成的上下兩條斜向路徑,在預測中若出現了全部三點,可反映出事件流暢的運行狀態,但若是僅出現上位兩點,則是反映前半部分或起始的流動狀,而下位兩點則是反映後半部或臨尾的流動狀,又若僅出現上半段,但同時出現了質點 Tiphareth,則標誌著能量在它的傳輸下可得到相應的流通,從而促進一定的推進順行;所以,當進行卡牌的質點對應歸類時,一定要著重步驟(1)、步驟(2)所提到的幾個重要結構、極性比重等等,是否在牌面上有所反應,若有出現,則進行相應關聯,而無關這些結構的質點連接則不畫入主要的考量範圍。

以上所提到的兩處要點,是我在預測實踐中所總結的使用規律,這些內容還不能稱作是完美的預測理論,在實踐中,仍存在一些尚待研究的細節規律,這有待筆者繼續累積,期於未來能逐步完善之。而此處預測原理且供讀者參考,若有論述不到之處,敬請諒解。

在實際的預測過程中,筆者也曾考慮結合希伯來字母的意義,以對事件進行一定的評判分析,但經反覆推敲結果,始終未盡如人意。而我想說的是,這些意涵基本上還是聚焦在宗教解經,或是密修指導等層面的相關敘述,當然,字母在發展過程中,是存在各自的數字對應的,而

也有一些學者依此作為事件預言的推測方法，但本人對此未有研究，這一部分的內容也就不展開敘述。畢竟，若單獨使用這些字母含義來進行事件的分析判定，卻沒有一個完整成型的理論體系作為重要的核心支撐依據，客觀地說，這是不能將之作為預測的手段，依筆者目前所學的範圍認為，這部分知識還不能直接納入，來作為事件的預測方法。

（3）關於卡牌張數的選擇，因筆者接觸的個案，有部分是問事者已自行抓好的牌組，也由於牌陣的不同，導致其張數參差不齊，因此仍需要在數量上進行相應的規範設定，透過實際預測使用及結合生命之樹的主體結構來看，我認為能量創生過程，是建立在三柱這個基礎之上的，也是由此發展出聖樹中的世界層級結構，而極性之柱上的各質點由起始至其互動的過程，是集中在了聖光、創造、形成三個世界區域，但創造的完成，必須達到極性互動的平衡，才可演化出最終的物質世界。所以從宏觀上來看，數字4所展現出的世界模式，是囊括了三柱的極性本質及能量的運行狀態，也就是包含了閃電順生路徑、反射連接、四字母聖名法則這三類重要的創造運化模式。而筆者便是依據以上的原則分析，我認為取用四張卡牌，便大致可以顯示出質點在生命之樹上的分布規律，使用者也可依此作為判斷依據，從而勾勒出事件的狀態並進行相應的推斷分析。

至於整套卡牌的基數，也應當保留十質點及二十二條路徑的生命之樹基礎構件配置，在本書定稿之際，筆者也計畫著，要完成一套以三十二為基數的生命之樹預測卡牌，但是，因繪製能力有限，這部分內容還

未能立即著手進行，希望未來能與相關專業的朋友一同努力完成這項重要工作。

有關塔羅牌張數的取捨

如果以生命之樹結構作為預測的理論依據，那麼二十二條路徑以及十質點（共計三十二）所構成的系統框架，就是該方法的取數基礎，我們日常所接觸到的傳統塔羅牌，數量為七十八張，為使其完整對應三十二這個數字於實際預測應用，便要進行一定的取捨，即大牌二十二、小牌四十、宮廷牌十六之三個部分，分別對標於二十二條路徑、十個質點以及四字母聖名。

這裡的大牌部分相對穩定，因為二十二張卡牌均對應於兩個質點所構成的固定路徑，在抓取時，各牌所對應的質點是存在著重複出現的概率，經過筆者仔細推敲後發現，這種重複出現是有規律的，其中除了Tiphareth重出率八次為最多（對應的大牌是：皇帝、正義、死神、戀人、隱士、女祭司、惡魔、節制），其餘各點的重出率依次為Kether、Malkuth＝三次（對應的大牌為：Kether為愚人、魔法師、女祭司；Malkuth為月亮、審判、世界）；Chokmah、Binah、Chesed、Geburah、Yesod＝四次（對應的大牌，分別是：Chokmah為愚人、皇后、皇帝、教皇；Binah為皇后、魔術師、戀人、戰車；Chesed為教皇、力量、隱士、命運之輪；Geburah為戰車、力量、正義、倒吊人；Yesod為星星、太陽、

節制、世界）；Netzach、Hod＝五次（各別對應的是：Netzach為死神、塔、月亮、星星、命運之輪；Hod為塔、太陽、審判、倒吊人、惡魔）。

筆者認為，Tiphraeth之所以多於其它各點的原因，是它處在中間位置，且傍及在除了Malkuth之外的所有質點，這也體現出了神性本質在極性創造運作中重要的疏調作用，而Kether和Malkuth的三次重出，也可對應於三柱極性，而由Chokmah至Yesod的五質點，出現四次，其囊括了創造世界至形成世界兩個重要的創生運化層級，Netzach和Hod出現五次，但這兩點同樣包含在形成世界中，或者是因為它們處在極性互動的最低位，使之產生與Malkuth的關聯，反之令它們出現的次數同樣為四次。以此來看，在抓取大牌時（此處可稱作「路徑牌」），所有路徑質點的顯現是較為規律的，並不是無規律的偏多或偏少，因而這部分卡牌在數量取捨上是保持不變的。

至於小牌，如果依照聖樹結構來看，這部分無疑是較多的，張數為四十。根據相關著作的描述，四世界層級均可對應一棵生命樹，如此各層級的質點總數則為四十，加之每一世界層又可配屬一個元素，這也便是小牌構建對應的依據；而若基於質點的基礎數字十，這部分可以保留任意一組小牌類別為十張，以此滿足十質點的結構，而這「十張」亦可稱為「質點牌」。

宮廷牌部分依照元素分類，劃分為四種性質類別，並且以四字母所象徵的特質來對應四個不同位階的人物，此處的字母結構又分別對應於質點Chokmah、Binah、Tiphareth、Malkuth，而這四點的組合模式，可

透過所抓取的質點牌和路徑牌予以顯現，加之上述兩種類別的牌數是完整的對應基數三十二，所以宮廷牌部分或可捨去。

就上述依據，筆者將傳統塔羅的七十八張牌，依生命之樹的結構數字原則取捨至三十二張，若讀者習慣使用傳統塔羅牌，同時也有興趣使用本書所研究的體系來進行預測工作，仍可參考此處的文字，來進行卡牌的數量修整。

參考書目

1. 《聖經》（新舊約全書）／聖經公會

2. 《*SEPHER YETZIRAH-THE BOOK OF FORMATION AND THE THTRTY TWO PATHS OF WISDOM*》Translated from the Hebrew, BY WM.WYNN WESTCOTT.M.B SECOND EDITION（中文暫譯《塞弗耶茲拉—形成之書與三十二條智慧之路》譯自希伯來語，經由WM韋恩—韋斯特科特M.B（記述），第二版。THE THEOSOPHICAL PUBLISHING SOCIETY.1893（神智學協會出版）

3. 《*The Qabalistic Tarot-A TEXTBOOK OF MYSTICAL PHILOSOPHY*》Robert Wang, Marcus Aurelius Press, Revised／2004年1月1日（中文暫譯《卡巴拉塔羅—神祕哲學的教科書》／作者羅伯特・王）

4. 《*The Mystical Qabalah*》，DION FORTUNE，2000 Samuel Weiser, Inc.From DION FORTUNE'S MYSTICAL QABALAH, rev, ed.
《祕法卡巴拉：西方的身心修煉之道》／荻恩・佛瓊著／邱俊銘譯／2021年3月5日／楓樹林出版

5. 《*Paths Of Wisdom: A Guide To The Magical Cabala*》，John Michael Greer
《生命之樹卡巴拉：西方神祕學的魔法根本》／約翰・麥克・格里爾（John Michael Greer）著／蕭漢婷譯／2017年1月／橡實文化出版

6. 《托特塔羅的多重宇宙》／天空為限著（下冊：薛超的卡巴拉詮釋）／2022年7月8日／時報文化出版

7. 〈乙太：奇幻的第五元素〉／《光明日報科技周刊》／2015年12月11日十版／作者范樂天

8. 《*Wheels of life: The Classic Guideto the Chekra System*》，Anodea Judith, PH.D
《脈輪全書：意識之旅的地圖，生命之輪的指南》艾諾蒂・朱迪斯博士著／林熒譯出版／2013年11初版三刷／積木文化出版

卡巴拉筆記

卡巴拉筆記

FUTURE067

卡巴拉生命之樹解密：探索卡巴拉智慧，用古老智慧解開生命之奧
The Tree of Life in Qabbalah

作者	薛超
特約編輯	吳慧玲
美術設計	張瑜卿
責任編輯	何若文
版　權	吳亭儀、江欣瑜、游晨瑋
行銷業務	林詩富、周佑潔、賴玉嵐

總編輯	何宜珍
總經理	彭之琬
事業群總經理	黃淑貞
發行人	何飛鵬
法律顧問	元禾法律事務所 王子文律師
出版	商周出版
	115台北市南港區昆陽街16號4樓
	電話：(02)2500-7008　傳真：(02)2500-7579
	E-mail：bwp.service@cite.com.tw
	Blog：http://bwp25007008.pixnet.net./blog
發行	英屬蓋曼群島商家庭傳媒股份有限公司城邦分公司
	115台北市南港區昆陽街16號8樓
	書虫客服專線：(02)2500-7718、(02)2500-7719
	服務時間：週一至週五上午09:30-12:00；下午13:30-17:00
	24小時傳真專線：(02)2500-1990；(02)2500-1991
	劃撥帳號：19863813　戶名：書虫股份有限公司
	讀者服務信箱：service@readingclub.com.tw
	城邦讀書花園：www.cite.com.tw
香港發行所	城邦（香港）出版集團有限公司
	香港九龍九龍城土瓜灣道86號順聯工業大廈6樓A室
	電話：(852)2508-6231　傳真：(852)2578-9337
	E-mailL：hkcite@biznetvigator.com
馬新發行所	城邦（馬新）出版集團【Cité(M) Sdn. Bhd】
	41, Jalan Radin Anum, Bandar Baru Sri Petaling,
	57000 Kuala Lumpur, Malaysia.
	電話：(603)90578822　傳真：(603)90576622
	E-mail：cite@cite.com.my

封面設計	COPY
印刷	卡樂彩色製版印刷有限公司
經銷商	聯合發行股份有限公司　電話：(02)2917-8022　傳真：(02)2911-0053

2025年5月6日初版
定價440元　Printed in Taiwan
ISBN 978-626-390-496-5

國家圖書館出版品預行編目（CIP）資料

卡巴拉生命之樹解密／薛超著--初版--臺北市：商周出版：英屬蓋曼群島商家庭傳媒股份有限公司城邦
分公司發行，2025.05
208面；17×23公分　ISBN 978-626-390-496-5（平裝）
1.CST：占卜
292.96　　　　114003164

廣 告 回 函
北區郵政管理登記證
台北廣字第000791號
郵資已付，免貼郵票

商周出版

115 台北市南港區昆陽街 16 號 4 樓
英屬蓋曼群島商家庭傳媒股份有限公司
城邦分公司

請沿虛線對摺，謝謝！

商周出版

書號： BF6067	書名： 卡巴拉生命之樹解密	編碼：

請於此處用膠水黏貼

商周出版

讀者回函卡

感謝您購買我們出版的書籍！請費心填寫此回函卡，我們將不定期寄上城邦集團最新的出版訊息。

線上版讀者回函卡

姓名：_____ 性別：☐男 ☐女

生日：西元_____年_____月_____日

地址：_____

聯絡電話：_____ 傳真：_____

E-mail：

學歷：☐ 1. 小學 ☐ 2. 國中 ☐ 3. 高中 ☐ 4. 大學 ☐ 5. 研究所以上

職業：☐ 1. 學生 ☐ 2. 軍公教 ☐ 3. 服務 ☐ 4. 金融 ☐ 5. 製造 ☐ 6. 資訊
　　　☐ 7. 傳播 ☐ 8. 自由業 ☐ 9. 農漁牧 ☐ 10. 家管 ☐ 11. 退休
　　　☐ 12. 其他_____

您從何種方式得知本書消息？
　　☐ 1. 書店 ☐ 2. 網路 ☐ 3. 報紙 ☐ 4. 雜誌 ☐ 5. 廣播 ☐ 6. 電視
　　☐ 7. 親友推薦 ☐ 8. 其他_____

您通常以何種方式購書？
　　☐ 1. 書店 ☐ 2. 網路 ☐ 3. 傳真訂購 ☐ 4. 郵局劃撥 ☐ 5. 其他_____

您喜歡閱讀那些類別的書籍？
　　☐ 1. 財經商業 ☐ 2. 自然科學 ☐ 3. 歷史 ☐ 4. 法律 ☐ 5. 文學
　　☐ 6. 休閒旅遊 ☐ 7. 小說 ☐ 8. 人物傳記 ☐ 9. 生活、勵志 ☐ 10. 其他

對我們的建議：_____

_____

_____

【為提供訂購、行銷、客戶管理或其他合於營業登記項目或章程所定業務之目的，城邦出版人集團（即英屬蓋曼群島商家庭傳媒（股）公司城邦分公司、城邦文化事業（股）公司），於本集團之營運期間及地區內，將以電郵、傳真、電話、簡訊、郵寄或其他公告方式利用您提供之資料（資料類別：C001、C002、C003、C011 等）。利用對象除本集團外，亦可能包括相關服務的協力機構。如您有依個資法第三條或其他需服務之處，得致電本公司客服中心電話 02-25007718 請求協助。相關資料如為非必要項目，不提供亦不影響您的權益。】

1.C001 辨識個人者：如消費者之姓名、地址、電子郵件等資訊。　　2.C002 辨識財務者：如信用卡或轉帳帳戶資訊。
3.C003 政府資料中之辨識者：如身分證字號或護照號碼（外國人）。　4.C011 個人描述：如性別、國籍、出生年月日。

請於此處用膠水黏貼

FUTURE

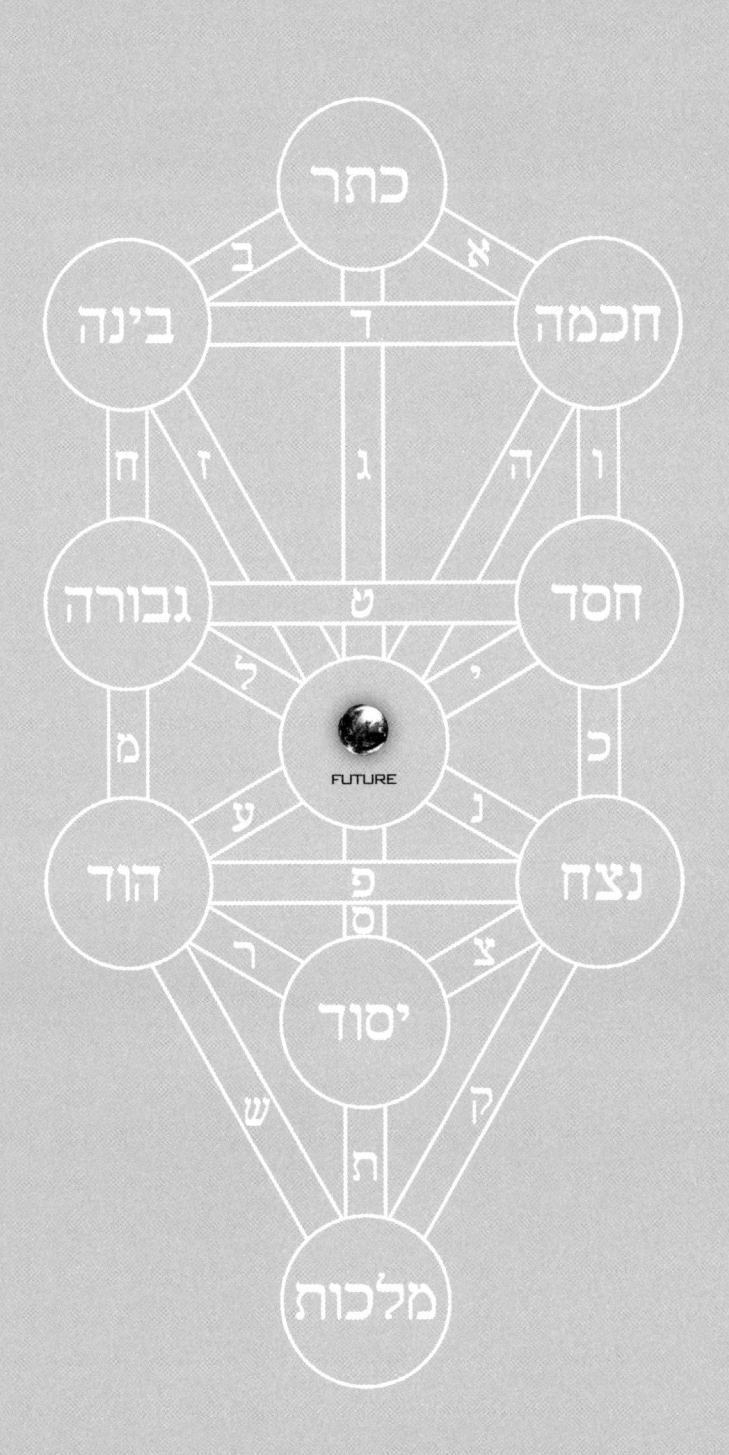

FUTURE

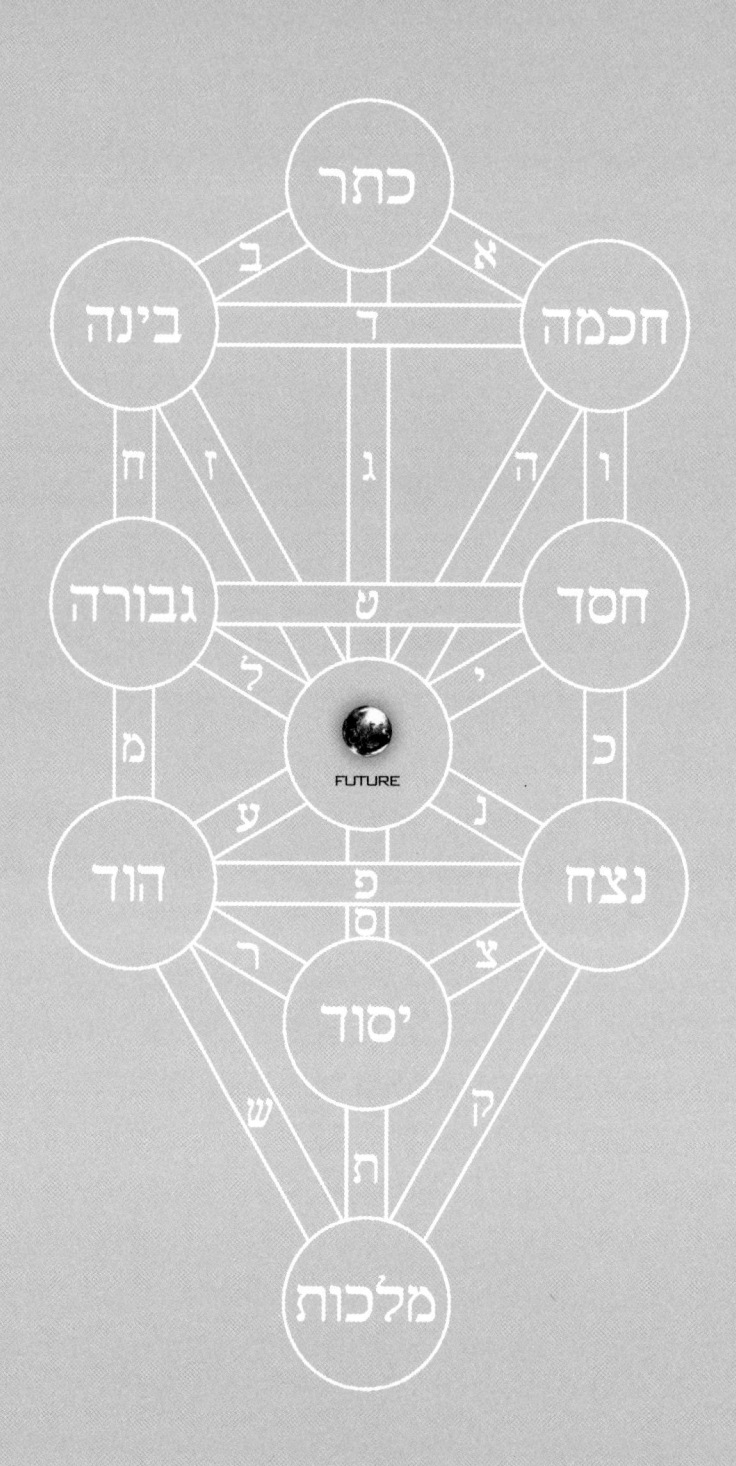

FUTURE

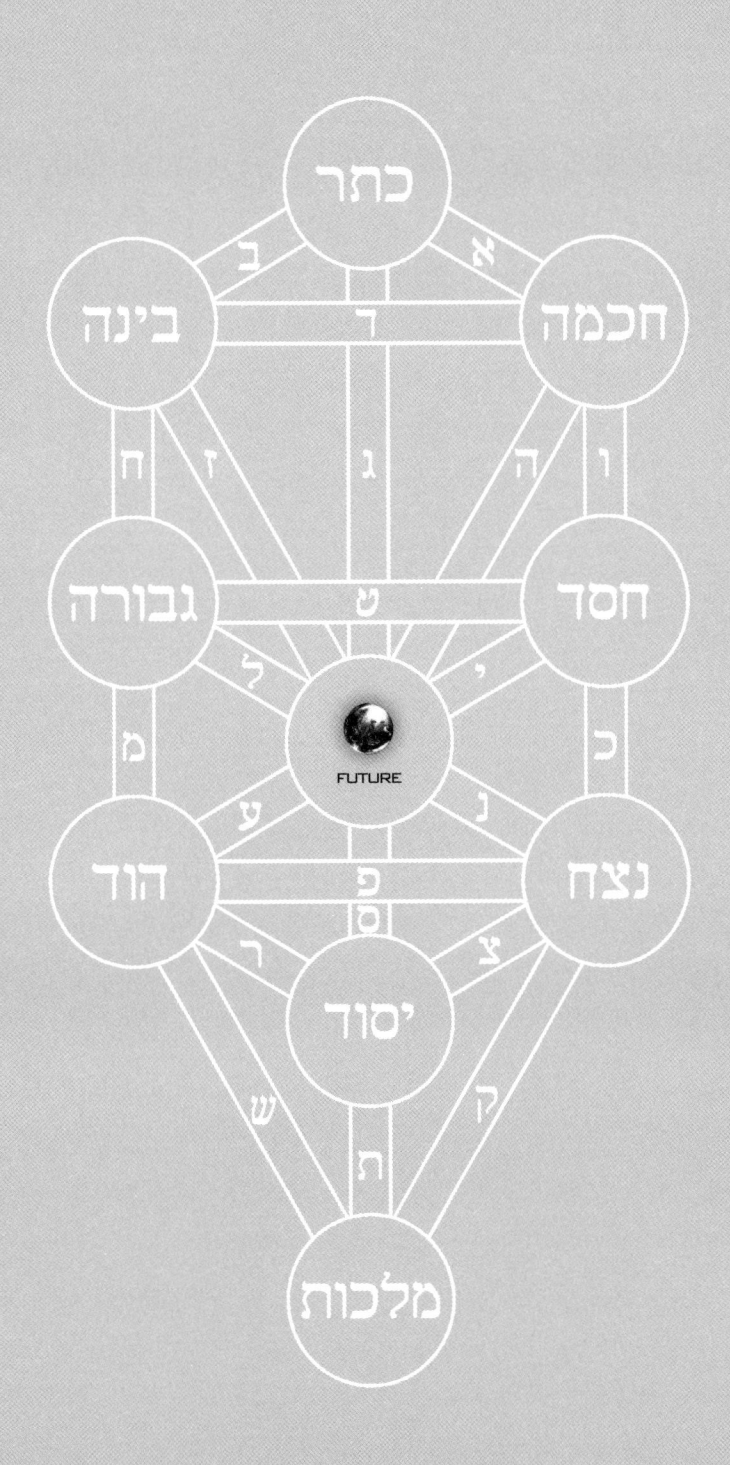

FUTURE

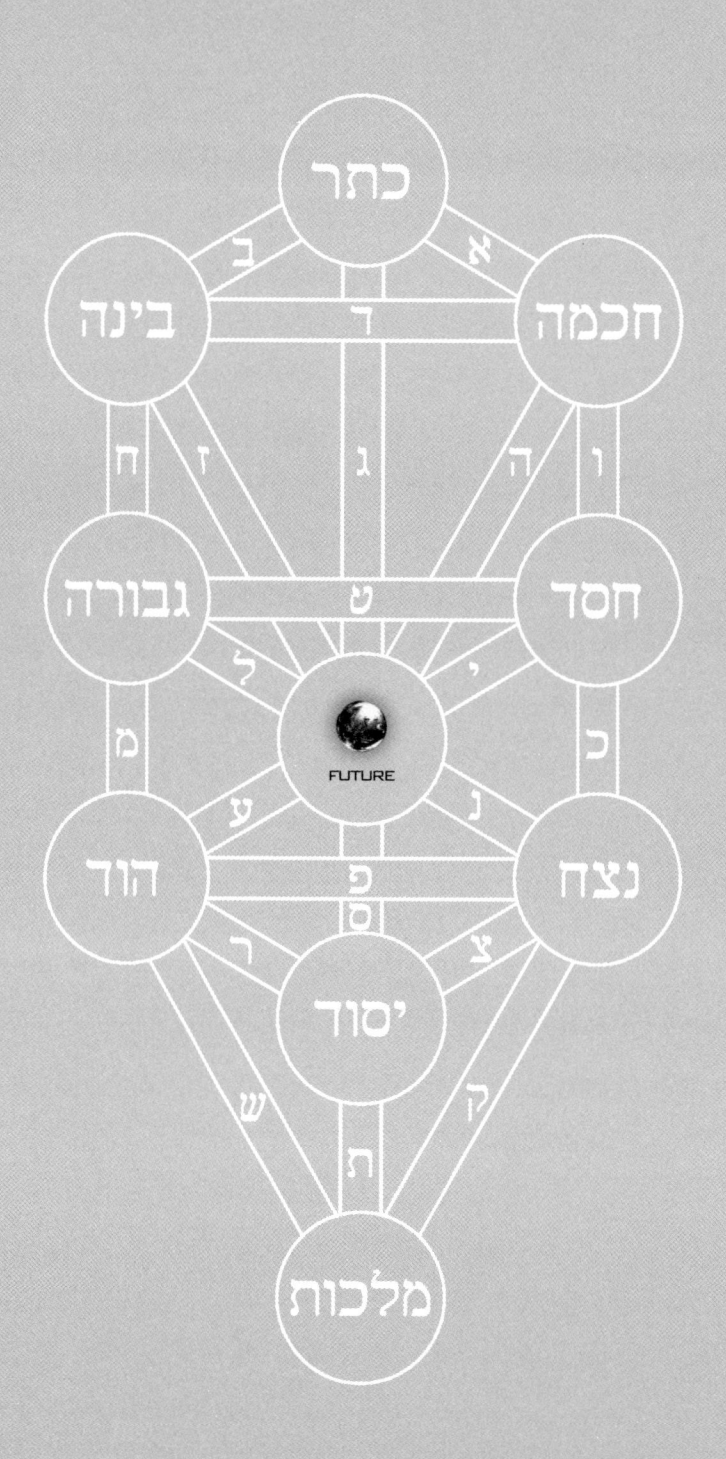